Konrad Lorenz

Hundstage

dtv
Die Taschenbibliothek

Juni 1996
Deutscher Taschenbuch Verlag GmbH & Co. KG,
München
Entnommen aus: ›So kam der Mensch auf den Hund‹,
München 1965
ISBN 3-423-30055-8
© 1983 Deutscher Taschenbuch Verlag, München
Umschlaggestaltung: Balk & Brumshagen
Umschlagfoto: Renee Lynn/NAS/OKAPIA
Satz: IBV Satz- und Datentechnik, Berlin
Druck und Bindung: C. H. Beck'sche Buchdruckerei,
Nördlingen
Printed in Germany · ISBN 3-423-08334-4

Inhalt

Wie es gewesen sein könnte

Durch das hohe Steppengras ziehen Menschen, eine kleine Schar unbekleideter wilder Gestalten. In den Händen tragen sie Speere mit Knochenspitzen, einige haben sogar Pfeil und Bogen. Wohl gleichen sie körperlich den Menschen unserer Tage, aber ihr Benehmen mutet tierhaft an, rastlos und ängstlich blicken ihre dunklen Augen, genau wie bei einem scheuen Wild, das dauernd auf der Hut sein muß. Das sind noch keine freien Menschen, keine Herren der Erde, sondern Gejagte, die in jedem Dickicht Gefahren fürchten müssen.

Die Stimmung ist gedrückt. Stärkere Verbände hatten sie jüngst gezwungen, das ursprüngliche Jagdgebiet zu verlassen und weit nach Westen in die Steppe auszuweichen, in unbekanntes Land, das viel mehr Raubtiere hat als die einstige Heimat. Obendrein war vor wenigen Wochen der alte erfahrene Jäger, der die Schar führte, einem säbelzähnigen Tiger zum Opfer gefallen. Daß der Räuber später an einem Speerstich zugrunde ging, war kaum ein Trost in dem Unheil.

Am meisten litt die Horde unter Schlafmangel. In der alten Heimat hatten alle am Feuer geschlafen, das in einem weiteren Gürtel auch die lästigen Goldschakale* umlagerten; dadurch er-

---

* Wie man heute mit Sicherheit weiß, handelt es sich nicht um den Goldschakal, sondern um eine dem Wolf weit näherstehende Wildhundform, möglicherweise um den indischen Wolf Canis lupus pallipes. Im übrigen wird die Geschichte genauso gewesen sein.

sparte man Wachen, da die Schakale schon von weither das Nahen eines Raubtieres anzeigten. Freilich waren sich jene primiti-
ven Menschen dieses Nutzens nicht bewußt. Wenn sie auch nicht
gerade einen Pfeil verschwendeten, so scheuchten sie doch mit
Steinwürfen den Schmarotzer, der sich an das Feuer wagte.

So ziehen sie dahin, müde und schweigsam. Die Nacht wird
bald einfallen, aber die Horde hat noch immer keinen Platz gefunden, der für ein Lagerfeuer taugte, um endlich die karge Beute
des Tages, ein Stück Wildschwein, den Rest vom Mahle eines Sä-
belzahntigers, zu braten.

Plötzlich, gleich verhoffenden Rehen, wenden alle die Köpfe
gespannt in die nämliche Richtung: sie haben einen Laut gehört.
Der konnte nur von einem wehrhaften Tiere sein, denn die Ge-
jagten haben gründlich gelernt, sich still zu verhalten. Und wieder dieser Laut. Ja, es ist ein Schakal, der da schreit. Seltsam bewegt steht die Horde und lauscht dem Gruß aus besseren und
weniger gefährlichen Zeiten. Und dann tut der junge, hochstir-
nige Leiter der Horde etwas den anderen Unverständliches: er
trennt ein Stück von der Beute ab und wirft es auf den Boden.
Möglich, daß sich die anderen ärgern, sie leben schließlich nicht
so im Überfluß, daß man den Braten in der Steppe verstreuen
dürfte. Wahrscheinlich wußte der Junge selbst nicht, weshalb er
es tat, er handelte offenbar gefühlsmäßig, vielleicht wünschte er,
die Schakale näher bei sich zu haben. Jedenfalls legte er noch öf-
ters ein Stückchen Wildschwein auf die Spur. Begreiflich, daß die
anderen dies für einen üblen Scherz nahmen und der Hordenleiter sich nur mit Mühe des Grimmes der Hungrigen erwehren
konnte.

Schließlich saßen sie aber doch alle am Feuer und mit der Sätti-
gung überkam wieder der Friede die aufgebrachte Schar.

Mit einem Male hört man das Heulen der Schakale. Sie haben die ausgelegten Stücke gefunden und nähern sich auf der Spur dem Lager. Da sieht einer fragend nach dem Hordenführer, steht dann auf und legt in einiger Entfernung Knochen nieder, dort, wohin gerade noch der Feuerschein reicht. Ein bedeutendes Ereignis: die erste Fütterung eines nützlichen Tieres durch den Menschen.

Heute darf die Horde ruhig schlafen, denn die Schakale umschleichen das Lager, sie sind verläßliche Wächter. Und als am anderen Morgen die Sonne aufgeht, ist die Menschenhorde gut ausgeruht und vergnügt. Von diesem Tage an wird kein Stein mehr nach einem Schakal geworfen...

Viele Jahre sind vergangen, viele Generationen. Die Schakale sind zahmer, furchtloser geworden. In größeren Scharen umlagern sie die Plätze der Menschen, die jetzt sogar Wildpferde und Hirsche erlegen. Die Schakale haben auch ihre Lebensweise geändert: während sie früher nur nächtens umherzogen, tagsüber aber tief versteckt im Dickicht ruhten, sind die Stärksten und Klügsten zu Tagtieren geworden und folgen dem jagenden Menschen auf seinen Beutezügen.

Und da mag es denn einmal geschehen sein, daß die Horde die Spur einer trächtigen Wildpferdstute aufgenommen hat, die durch eine Speerwunde in ihrer Flucht behindert wurde. Die Jäger sind sehr erregt, zumal die Kost seit langem schmal ist. Daher folgen auch die Schakale hungriger als sonst, da sie bei den Mahlzeiten der Menschen meist leer ausgegangen waren.

Die Stute, geschwächt von ihrer Trächtigkeit und vom Blutverlust, greift zu einem uralten, ihrer Art angeborenen Mittel: sie legt einen »Widergang« an, das heißt, sie kehrt auf ihrer Spur kilometerweit zurück und wendet sich an einer buschigen Stelle scharf rechts von der Fährte ab. Oft schon hat dieser instinktive Kunstgriff ein Tier dem Jäger entzogen. Auch jetzt stehen die Jäger ratlos dort, wo im harten Steppenboden die Fährte scheinbar endet.

Die Schakale ziehen den Menschen nach, in gehörigem Abstand, denn sie wagen sich noch nicht in die Nähe der lärmenden, aufgeregten Jäger. Und sie folgen der Spur des Menschen, nicht der des Wildes. Begreiflicherweise hat ja der Schakal kein Interesse, die Fährte eines Wildpferdes zu verfolgen, da es ja für ihn nicht als Beute in Frage kommt. *Diese* Schakale aber haben wiederholt Teile großer Jagdtiere vom Menschen zu fressen bekommen und ihr Geruch hat dadurch eine neue Bedeutung für sie erlangt, sie haben auch schon eine feste Gedankenverbindung zwischen einer starken Blutspur und der Aussicht auf baldige Beute gebildet.

Heute sind die Schakale besonders hungrig und erregt, die Blutspur ist frisch, und so ereignet sich etwas Neues für die Beziehung zwischen dem Menschen und seinen Trabanten. Die alte, grauschnäuzige Hündin, die geistige Führerin des Rudels, bemerkt, was die Menschen übersehen hatten, nämlich das Abzweigen der Blutspur. So biegen die Tiere an jener Stelle ein und folgen selbständig der Schweißfährte. Die Menschen haben inzwischen erfaßt, daß das Wild einen Widergang angelegt hat, und sind umgekehrt. An der Abzweigung angelangt, hören sie seitwärts die Schakale heulen. So finden sie rasch die Richtung und alsbald auch die Spur, die von den vielen Tieren im Steppengras hinterlassen wurde. Und nun ist zum ersten Male die Reihenfolge hergestellt, in der Mensch und Hund seit jenem Tage dem Wilde folgen: *erst* der Hund, *dann* der Jäger. Schneller als den Jägern gelingt es den Schakalen, das Wildpferd einzuholen und zu stellen. Wenn Hunde ein größeres Wild »stellen«, so spielt offenbar folgender psychologischer Mechanismus eine wesentliche Rolle. Der verfolgte Hirsch, Bär oder Eber, der zwar vor dem Menschen flieht, sich dem Hunde allein aber ohne weiteres zum Kampfe stellen würde, *vergißt* offenbar im Zorn über die Annäherung des frechen kleinen Feindes den viel gefährlicheren Verfolger. Das müde Wildpferd, das den Goldschakal nur als feigen Kläffer kennt, stellt sich zornig zur Verteidigung und schlägt wild mit dem Vorderhuf nach einem, der sich zu weit herangewagt hat. Schwer atmend tritt es im Kreise, nimmt jedoch die Flucht nicht wieder auf. Die Menschen nun hören den Lärm der Schakale, sie bemerken, daß er an derselben Stelle bleibt, der Führer gibt das Signal, die Jäger verteilen sich lautlos nach allen Seiten und umzingeln die Beute. Im Augenblick scheint es, als wollten die Schakale auseinanderstieben; aber sie beruhigen sich wieder, weil niemand sie ansieht. Die kleine Führerin des Rudels hat jede Furcht verloren, wütend bellt sie das Wildpferd an, und als dieses schließlich von einem Speer durchbohrt niederbricht, graben sich ihre Zähne gierig in die Kehle des Opfers. Erst da der Leiter der Menschenhorde sich zu dem toten Tier niederbeugt, weicht sie einige Schritte zurück. Der Hordenleiter, vielleicht der Urururenkel dessen, der zum ersten Male ein Beutestück für die Goldschakale zurückgelassen hat, schlitzt den Bauch der noch zuckenden Beute auf, zerrt roh ein Darmstück heraus, schneidet es ab und ohne den Schakal direkt anzusehen, ein Akt höchsten intuitiven Taktgefühls, wirft er das Stück, wiederum taktvoll, nicht unmittelbar nach dem Tiere, sondern seitwärts daneben hin. Die graue Leiterin prescht scheu etwas zurück, als aber der Mensch keine Drohgebärde macht, sondern einen freundlichen

Ton hören läßt, den die Schakale schon oft am Rande des Lagerfeuers gehört haben, stürzt sie heftig auf das Darmstück zu. Und als sie eilig, schon kauend, mit der Beute im Fang sich zurückziehen will und nochmals ängstlich nach dem Menschen schielt, bewegt sich ihr Schwanz in kleinen raschen Schlägen von rechts nach links. Zum ersten Male hat ein Schakal den Menschen angewedelt; damit war ein weiterer Schritt zum Haushund hin getan.

Tiere, selbst so kluge, wie es hundeartige Raubtiere sind, erwerben eine völlig neue Verhaltensweise nie durch plötzliche Eingebung, sondern durch assoziative Gedankenverbindungen, die sich erst nach mehrfacher Wiederholung einer Situation bilden. Monate mögen vergangen sein, ehe diese Schakalhündin wieder bei Verfolgung eines verwundeten Wildes, das Widergänge anlegte, auf der Spur vor dem Jäger herlief. Vielleicht war es erst ein späterer Nachfahre, der regelmäßig und bewußt die Jäger leitete und das Wild stellte.

An der Grenze zwischen älterer und jüngerer Steinzeit scheint der Mensch ansässig geworden zu sein. Die ersten Häuser, die wir kennen, sind Pfahlbauten, die aus Sicherheitsgründen in das Flachwasser der Seen und Flüsse, ja sogar der Ostsee, gebaut wurden. Wir wissen, daß zu jener Zeit der Hund bereits zum Haustier geworden war. Der Torfspitz, ein kleiner, spitzähnlicher Hund, dessen Schädel zuerst in den Resten von Pfahlbauten an der Ostsee gefunden wurde, zeigt zwar noch deutlich seine Abkunft vom Goldschakal, doch sind auch Merkmale echter Domestikation nicht zu übersehen. Wesentlich ist, daß es damals wilde Goldschakale, die gewiß im älteren Diluvium weiter verbreitet waren als heute, an der Ostseeküste nicht mehr gab. Der nach Westen und Norden vordringende Mensch hat also wahrscheinlich halbzahme Rudel von Goldschakalen, die seinem Lager folgten, ja vielleicht schon weitgehend domestizierte Hunde, an die Küste der Ostsee mitgebracht.

Als dann der Mensch dazu überging, seine Behausung auf Pfählen ins Wasser zu stellen, und als er auch den Einbaum erfand, wurde zweifellos eine Änderung der Beziehungen zwischen ihm und seinen vierbeinigen Trabanten notwendig. Denn diese konnten nun nicht mehr das menschliche Heim von allen Seiten umlagern. Es ist anzunehmen, daß damals die Menschen, gerade beim Übergang zum Pfahlbau, besonders zahme, auf der Jagd bewährte und deshalb wertvolle Exemplare der noch kaum domestizierten Goldschakale mitnahmen und dergestalt zu »Haus-Tieren« im eigentlichen Sinne machten.

Noch heute können wir bei verschiedenen Völkern verschiedene Typen der Hundehaltung feststellen. Der ursprünglichste ist der, bei welchem eine größere Zahl von Hunden, die nur in verhältnismäßig loser Bindung zum Menschen stehen, die Siedlung umlagern. Einen anderen finden wir in jedem europäischen Bauerndorf: einige Hunde gehören zu einem bestimmten Haus und hängen einem bestimmten Herrn an. Es ist denkbar, daß sich dieser Typus mit der Entstehung des Pfahlbaues entwickelt hat. Die geringere Anzahl von Hunden, die man im Pfahlbau unterbringen konnte, förderte natürlich die Inzucht, womit jene erblichen Veränderungen begünstigt wurden, welche das eigentliche Haustier ausmachen. Für derlei Annahmen sprechen zwei Tatsachen: erstens, daß der Torfspitz mit seinem gewölbteren Schädel und der kürzeren Nase zweifellos eine Domestikationsform des Goldschakals ist, und zweitens, daß die Knochen dieser Form so gut wie ausschließlich mit den Überresten von Pfahlbauten gefunden wurden. Die Hunde der Pfahlbauern müssen auch soweit *zahm* gewesen sein, daß man sie veranlassen konnte, entweder in einen Einbaum zu steigen oder das trennende Wasser schwimmend zu überqueren und auf einem Laufsteg emporzuklettern. Ein Negerhund etwa, oder sonst ein halbzahmer, das Lager umstreunender Köter, würde nämlich dies um keinen Preis wagen, ja selbst einem Junghund meiner Zucht muß ich geduldig zureden, ehe er zum ersten Male in mein Kanu steigt oder das Trittbrett eines Eisenbahnwagens erklimmt.

Die Zahmheit des Hundes war möglicherweise schon erreicht, als die Menschen Pfahlbauten errichteten, oder aber sie ist zu jener Zeit erst entstanden. Es ist denkbar, daß einmal eine Frau oder ein »puppenspielendes« Mädchen einen verwaisten Welpen im Kreise der menschlichen Familie großgezogen hat. Vielleicht war dieses Hundekind das einzig überlebende eines Wurfes, der vom Säbelzahntiger erbeutet wurde. Der Welpe weint, aber kein Mensch kümmert sich darum, da man damals noch starke Nerven hatte. Aber während die erwachsenen Männer in den Wäldern jagen und die Frauen mit Fischfang beschäftigt sind, geht so eine kleine Pfahlbauerntochter dem Weinen nach und findet schließlich in einer Höhlung das Hundekind, das ihr furchtlos entgegenwackelt und an den vorgestreckten Händen zu lecken und zu saugen beginnt.

Das rundliche, weiche und wollige Tier hat sicher schon in der Tochter der früheren Steinzeit den Drang ausgelöst, es auf den Arm zu nehmen, zu herzen und endlos herumzuschleppen, nicht anders als in einer Tochter unserer Tage. Denn die Triebe der Mütterlichkeit, denen solche Handlungen entspringen, sind uralt. Und auch die kleine Steinzeittochter hat, zunächst nur in spielerischer Nachahmung dessen, was sie die älteren Frauen tun sah, dem Hund zu essen gegeben, und die Gier, mit welcher das

Hundekind sich auf alles Gebotene stürzte, hat sie nicht weniger gefreut als unsere Mütter und Frauen, wenn das Essen den Gästen gut schmeckt. Kurz, das Entzücken ist groß, und als die Eltern heimkehren, finden sie, zwar erstaunt, keineswegs aber begeistert, einen kleinen vollgefressenen Schakalhund. Natürlich will der rauhe Krieger den Welpen gleich ins Wasser werfen. Aber die Tochter weint und hängt sich schluchzend an des Vaters Knie, so daß er stolpert und das Hundekind fallen läßt. Als er es wieder ergreifen will, ist es schon im Arm der Tochter geborgen, die zitternd und tränenüberströmt in der fernsten Ecke des Raumes steht. Da auch Steinzeitväter ihren kleinen Töchtern gegenüber nie ein steinernes Herz besessen haben, darf der Welpe bleiben.

Dank dem reichlichen Futter ist er bald zu einem überdurchschnittlich großen und starken Tier herangewachsen. Ist er vorerst in kindlicher Anhänglichkeit der Tochter getreulich überallhin nachgelaufen, so macht sich seit seiner körperlichen und geistigen Reife eine Wandlung in seinem Verhalten bemerkbar: obwohl der Vater, der Häuptling der Kolonie, sich kaum um den Hund kümmert, folgt dieser mählich immer mehr dem Manne, nicht dem Kinde nach. Es ist eben die Zeit gekommen, da sich das Tier, wäre es in freier Wildbahn, von der Mutter lösen würde. Hat die Tochter bisher im Leben des Welpen die Rolle der Mutter gespielt, so fällt nun dem Familienvater die des Rudelleiters zu, dem allein die Gefolgschaftstreue des erwachsenen Wildhundes gehört. Zuerst ist dem Manne diese Anhänglichkeit lästig, doch bald sieht er ein, daß der völlig zahme Rüde zur Jagd viel brauchbarer ist als die halbwilden Schakale, die draußen am Ufer vor der Siedlung herumlungern, sich immer noch vor dem Jäger fürchten und häufig gerade dann davonlaufen, wenn sie ein Wild stellen und festhalten sollen. Aber auch diesem gegenüber ist der Rüde schneidiger als seine ungezähmten Genossen, da sein im Pfahlbau geschütztes Leben ohne bittere Erfahrungen mit großen Raubtieren geblieben ist. So wird der Hund bald der Liebling des Häuptlings, sehr zum Kummer der kleinen Tochter, die den Spielgefährten von einst nur dann zu sehen bekommt, wenn der Vater daheim ist – und Steinzeitväter waren oft lange Zeit fort.

Im Frühling aber, zur Zeit, da die Schakale Junge haben, kehrt der Vater eines Abends mit einem Fellsack heim, in welchem es zappelt und quietscht. Und als er ihn öffnet – laut jubelt da die Tochter, weil vier Wollknäuel vor ihre Füße kollern. Nur die Mutter blickt ernst und meint, zwei hätten auch genügt…

Ob sich das alles so zugetragen hat? Nun, es ist keiner von uns dabeigewesen… Aber nach allem, was wir wissen – ja, es könnte so gewesen sein. Allerdings wissen wir nur sehr wenig, das soll nicht verhehlt werden, wir wissen nicht einmal mit völliger Sicherheit, ob es ausschließlich der Goldschakal gewesen ist, der sich in der geschilderten Weise den Menschen angeschlossen hat. Es ist sogar recht wahrscheinlich, daß an verschiedenen Orten der Erde verschiedene größere und wolfsähnliche Schakalarten in dieser oder ähnlicher Weise zum Haustiere geworden sind und sich späterhin auch miteinander vermischt haben – wie ja überhaupt sehr viele Haustiere von mehr als einer wilden Ahnenform abstammen. Ganz sicher aber ist der Stammvater unserer meisten Haushunde nicht der nordische Wolf, wie früher ganz allgemein angenommen wurde. Es *gibt* nämlich einige wenige Hunderassen, die, wenn nicht ausschließlich, so doch zum größten Teil wolfsblütig sind. Die aber liefern gerade durch ihre Eigenart den besten Beweis dafür, daß jene *nicht* vom nordischen Wolfe abstammen. Diese nicht nur äußerlich, sondern wirklich wolfsähnlichen Hunderassen – Eskimo- und Indianerhunde, Samojeden, russische Laikas, Chow-Chows und einige andere – entstammen sämtlich dem hohen Norden. Keiner von ihnen ist ganz rein lupusblütig: es ist mit ziemlicher Sicherheit anzunehmen, daß die weiter und weiter nach Norden vordringenden Menschen bereits domestizierte, schakalblütige Hunde mit sich geführt haben, aus denen dann durch ständig wiederholte Einkreuzung von Wolfsblut die genannten Rassen hervorgegangen sind. Über die seelische Eigenart der wolfsblütigen Hunde werde ich noch viel zu sagen haben!

Nachbemerkung des Autors

Durch neue Forschungen, insbesondere die sehr genauen Untersuchungen von Alfred Seitz, wird die Annahme unwahrscheinlich, daß der Haushund im wesentlichen von dem Goldschakal abstammt. Eine mögliche Ausnahme bildet nach Seitz der afrikanische Bassenji, der in der Heulstrophe Anklänge an den Goldschakal zeigt. Der Vorfahre des Haushundes ist offenbar in einem anderen, dem Wolfe näherstehenden asiatischen Windhund zu suchen. Es kommen vor allem der indische Wolf Canis lupus pallipes und der Canis lupaster in Frage.

Hundesitten

Die Verständigung zwischen den Individuen einer sozialen Tierart, der Mechanismus, der die sinnvolle Zusammenarbeit der Einzelwesen in der übergeordneten Ganzheit der Schar oder des Rudels gewährleistet, ist völlig anderer Natur als die Wortsprache, die bei uns Menschen all diese lebenswichtigen Leistungen vollbringt. Ich habe in meinem anderen Büchlein (›Er redete mit dem Vieh, den Vögeln und den Fischen‹, Tiergeschichten*) ausführlich darüber gesprochen. Die Bedeutung der einzelnen Signale, der verschiedenen Ausdrucksbewegungen und -laute, ist nämlich nicht durch eine individuell erworbene Konvention festgelegt, wie dies bei den Worten der menschlichen Sprache der Fall ist, sondern durch *angeborene*, »instinktmäßige« Normen des Agierens und Reagierens. Die gesamte »Sprache« einer Tierart ist daher unvergleichlich konservativer, ihre »Sitten und Gebräuche« sind gleichzeitig viel starrer und *bindender* als die des Menschen. Man könnte ein ganzes Buch über die unverbrüchlichen Gesetze schreiben, von denen das Zeremoniell der Hunde beherrscht wird und die das Verhalten stärkerer und schwächerer, männlicher und weiblicher Hunde bestimmen. Äußerlich gesehen, wirken diese im Erbbilde des Hundes verankerten Gesetze ähnlich den Regeln überkommener menschlicher Sitten. Auch in ihren Auswirkungen auf das soziale Leben, in ihren lebenswichtigen Funktionen, gleichen sie diesen weitgehend. Im Sinne dieser Analogie ist also die Kapitelüberschrift zu verstehen.

* Erschienen als dtv-Band 30053.

Nichts ist langweiliger als eine abstrakte Darstellung von Gesetzen, mögen sie auch noch so interessant sein. Ich will daher mit meiner Schilderung völlig im Konkreten bleiben und an einigen Beispielen die lebendige Auswirkung der sozialen Gesetzlichkeiten des Hundelebens so darzustellen versuchen, daß der Leser selbst, ohne es zu merken, zur Abstraktion der herrschenden Gesetze gelangt. Ich wende mich dabei zuerst den Verhaltensweisen der *Rangordnung* zu, den uralten Sitten und Gebräuchen, die soziale Über- und Unterordnung nicht nur ausdrükken, sondern auch weitgehend *bestimmen*. Betrachten wir also eine Reihe Hundebegegnungen, wie sie jeder Leser wohl schon oft gesehen hat.

Wolf II. und ich gehen die Dorfstraße hinunter. Als wir am Gemeindebrunnen in die Landstraße einbiegen, sehen wir, gut zweihundert Meter entfernt, Wolfs langjährigen Feind und Rivalen Rolf auf der Straße stehen. Wir müssen unmittelbar an ihm vorbei, die Begegnung ist unvermeidlich. Die beiden sind die stärksten und am meisten gefürchteten, kurz, die rangältesten Hunde des Ortes; sie hassen einander wütend, fürchten sich aber gleichzeitig voreinander so weit, daß sie, soviel ich weiß, noch nie wirklich miteinander gerauft haben. Vom ersten Augenblick an hat man den Eindruck, daß die Begegnung beiden Teilen höchst unangenehm ist. Im Garten des Hauses eingesperrt, hinter Zaun und verschlossenem Tor, würden beide wütend bellen und drohen, jeder überzeugt, daß nur das Gitter ihn hindere, dem anderen an die Gurgel zu springen. Nun aber, im Freien, mag es sich, stark vermenschlicht ausgedrückt, etwa so verhalten: jeder der beiden Rüden empfindet dunkel, er sei es jetzt seinem »Prestige« schuldig, die früheren Drohungen wahrzumachen, und es sei eine »Blamage«, dies nicht zu tun.

Die beiden Feinde haben einander natürlich schon von weitem gesehen. Sie gehen sofort in »Imponierstellung«, das heißt, sie richten sich hoch auf und heben die Ruten lotrecht in die Höhe. So nähern sich die beiden, immer langsamer und langsamer. Als nur noch etwa fünfzehn Meter sie trennen, legt sich Rolf plötzlich in die Stellung eines lauernden Tigers nieder. In keinem der Hundegesichter merkt man ein Zeichen der Unsicherheit, aber auch keines der Drohung. Stirn und Nasen sind nicht gerunzelt, die Ohren stehen steil und nach vorne gewandt, die Augen sind weit offen. Wolf reagiert auf die Lauerstellung Rolfs in keiner Weise, so bedrohlich diese auch auf den Menschen wirkt, sondern schreitet unbeeinflußt auf den Rivalen zu. Erst als er dicht neben ihm steht, erhebt sich Rolf ruckartig zu seiner vollen Größe, und nun stehen beide Flanke an Flanke und Kopf an Schwanz und beriechen einander die frei dargebotene Hinterregion. Gerade dieses freie Darbieten der Analgegend ist der Ausdruck der Selbstsicherheit. Sowie sie auch nur um ein geringes schwindet, senkt sich der Schwanz. Man kann an seiner Stellung wie an einem Zeiger den Stand des Mutes ablesen, der den Hund beseelt.

Die gespannte Situation, in der die beiden Rüden unbeweglich stehen, dauert ziemlich lange. Allmählich beginnen die vorher glatten Gesichter sich zu verziehen: auf der Stirne entstehen Längs- und Querfalten in Richtung nach einem über den Augen gelegenen Punkt, die Nase wird gerunzelt, die Zähne liegen bloß. Diese Mimik bedeutet Drohung schlechthin, auch ein Hund, der Furcht hat und, etwa in die Enge getrieben, nur aus Abwehr droht, zeigt sie. Der Grad des Mutes und der Beherrschung der Situation drückt sich nur an zwei Stellen des Kopfes aus: an den Ohren und am Mundwinkel. Stehen jene unverändert aufrecht und vorwärts und ist dieser weit nach vorne gezogen, so fürchtet sich der Hund nicht und er kann jeden Augenblick angreifen. Jedes Anklingen von Furcht drückt sich in einer entsprechenden Bewegung der Mundwinkel und der Ohren aus, als zöge in diesen Teilen die unsichtbare Kraft der Fluchtneigung das Tier nach hinten.

Gleichzeitig mit der Mimik aktiver Drohung beginnt das Knurren; je tiefer es klingt, um so sicherer fühlt sich das Tier – die dem Individuum eigene Stimmlage natürlich eingerechnet. Ein frecher Foxterrier knurrt natürlich höher als ein ängstlicher Bernhardiner.

Immer noch Flanke an Flanke stehend, beginnen nun Rolf und Wolf einander zu umkreisen. Jeden Moment fürchtet man Tätlichkeiten. Aber das völlige Gleichgewicht zwischen den Großmächten verhindert die Kriegserklärung. Sie knurren zwar immer drohender, aber es geschieht nichts. In mir entsteht ein Verdacht, der sich noch verstärkt, als ich einen auf mich gerichteten Seitenblick Wolfs und gleich darauf auch Rolfs gewahre: die beiden erwarten nicht nur, sondern hoffen geradezu, daß ich sie trenne und so der moralischen Verpflichtung zum Kampfe entheben werde. Der Drang, die Würde, das Prestige zu wahren, ist nämlich durchaus nicht spezifisch menschlich, sondern tief in den instinktmäßigen Schichten des Seelenlebens verankert, in denen höhere Tiere uns aufs nächste verwandt sind.

Ich greife indessen nicht ein, sondern überlasse es den Hunden, einen würdigen Rückzug zu finden. Sehr langsam lösen sie sich voneinander, Schritt für Schritt gehen sie nach verschiedenen Seiten der Straße, und schließlich heben sie, immer noch mit einem Auge nach einander schielend, gleichzeitig, wie auf Kommando, das Hinterbein, Wolf an der Telegraphenstange, Rolf an

einem Träger des Straßengeländers. Dann setzen sie in Imponierstellung ihren Weg fort, jeder hält vor sich selbst gewissermaßen
die Fiktion aufrecht, moralisch gesiegt und den anderen einge-
schüchtert zu haben.

Eigenartig ist manchmal das Verhalten von Hündinnen, die einem derartigen Auftritt gleich starker und rangmäßig ebenbürti-
ger Rüden beiwohnen. Wolfs Gattin Susi wünscht in solchen
Fällen zweifellos den Kampf. Sie hilft dann ihrem Gemahl zwar
nicht wesentlich, aber sie will sehen, daß er den anderen Rüden
vermöbelt. Zweimal habe ich gesehen, daß sie hierbei ein geradezu tückisches Mittel anwandte: als Wolf mit einem anderen,
und zwar beide Male einem ortsfremden »Sommerpartei-
Hund«, Kopf an Schwanz stand, umkreiste sie vorsichtig und in-
teressiert die Rüden, die sie als Hündin nicht beachteten. Dann
zwickte sie lautlos aber kräftig ihren Mann in seine dem Gegner
dargebotene Hinterfront. Wolf mußte somit glauben, der feind-
liche Rüde habe ihn in einem unerhörten, tief empörenden Ver-
stoß gegen alle uralten Gesetze des Hundebrauches beim Beriechen in den Hintern gebissen. Natürlich griff Wolf daraufhin an;
und da diese Attacke nun für den anderen Rüden nicht minder
regelwidrig und empörend war wie der Zwick vorher für Wolf,
entspann sich ein ungewöhnlich wütender Kampf.

Wolf begegnet einem etwas greisenhaften, rasselosen Hund, der
in den zuoberst gelegenen Häusern unseres Dorfes wohnt. Als
Wolf noch nicht ausgewachsen war, fürchtete er den Alten sehr.
Jetzt hat er zwar keine Angst mehr, aber er haßt ihn grimmiger
als alle anderen Hunde und läßt keine Gelegenheit ungenützt,
ihn zu behelligen. Als die Hunde einander sehen, erstarrt der
Alte, Wolf aber stürzt auf ihn zu, rempelt ihn mit der Schulter

und einer schleudernden Bewegung des Hinterteils kräftig an und bleibt dann neben ihm stehen. Der Alte hat sofort mit einem durchaus ernst gemeinten Zuschnappen geantwortet, doch schlugen seine Zähne in leerer Luft zusammen, da er im Augenblick des Schnappens schon von dem Stoß getroffen wurde. Nun steht er zwar steifbeinig und hoch aufgerichtet da, aber sein Schwanz ist gesenkt, er bringt es nicht fertig, die Hinterregion selbstsicher darzubieten. Nase und Stirn sind drohend gefaltet, die Ohren weit zurückgelegt, die Mundwinkel merklich zurückgezogen, der Kopf wird, niedrig gehalten, vorgestreckt. Diese geduckte Stellung, verbunden mit Drohmimik und gereiztem Knurren, sieht ausgesprochen gefährlich aus. Als Wolf sich ihm wieder nähern will, stößt der Alte verzweifelt zuschnappend gegen ihn vor und Wolf prallt ein Stückchen zurück. Steifbeinig, in höchster Imponierstellung, umgeht er im Kreise den alten Hund, hebt das Bein am nächsten geeigneten Gegenstand und entfernt sich. Würde man das Verhalten dieses alternden Rüden seinem Sinne nach in Worten ausdrücken, so hieße es etwa: »Ich bin kein Rivale für dich, ich habe keinen Ehrgeiz, dir sozial über- oder auch nur gleichgeordnet zu sein, ich komme dir nicht ins Gehege, ich will nur in Ruhe gelassen werden. Tust du das aber nicht, kämpfe ich mit allen Mitteln, so scharf und auch unfair, wie ich nur irgend kann!«

Wolf begegnet beim Gemeindebrunnen einem kleinen gelben Köter, der sich vor ihm panisch fürchtet und sofort durch die Tür der Gemischtwarenhandlung zu entkommen trachtet. Wolf stürmt auf ihn zu, drängt sich seitlich an ihn und rempelt ihn mit der erwähnten Schleuderbewegung des Hinterteils so an, daß der Köter vom Haus weg auf die Straße geschleudert wird. Dann ist

Wolf wie ein Gewitter über ihm und rempelt ihn immer wieder. Der Kleine schreit jedesmal gellend auf, als litte er die ärgsten Schmerzen; schließlich schnappt und beißt er verzweifelt nach dem Angreifer. Wolf aber knurrt nicht einmal, er macht auch kein Drohgesicht, läßt sich vielmehr in aller Ruhe beißen und rempelt weiter. Er verachtet den anderen als Kampfesgegner so vollkommen, daß es ihm nicht dafürsteht, auch nur das Maul aufzumachen. Aber er haßt den Gelben, weil er sich wiederholt in unserem Garten hat blicken lassen, als Susi läufig war. Diese Wut nun reagiert er an dem Unterlegenen in der beschriebenen, wenig vornehmen Weise ab. Für die große Angst, die sich in Schmerzensschreien bemerkbar macht, noch ehe tatsächlich Schmerz empfunden wird, ist eine ganz bestimmte Stellung der Mundwinkel charakteristisch: sie werden weit nach hinten gezogen, wobei die dunkle Schleimhaut des Mundinneren, nach außen gerollt, als dunkle Umrandung sichtbar wird. Dies gibt dem Hundegesicht auch für das menschliche Empfinden einen eigenartig weinerlichen Ausdruck, zu dem die Lautäußerung in unmittelbar verständlicher Weise paßt.

Wolf I. kommt zu seiner Gattin Senta und den erwachsenen Kindern auf die Lindenterrasse. Er begrüßt Senta, beide wedeln, sie leckt ihn zärtlich am Mundwinkel und stößt ihn mit der Nase. Dann wendet sich Wolf I. einem seiner Söhne zu. Dieser nähert sich dem Vater aktiv, stößt mit der Nase nach ihm, entzieht sich aber den Versuchen des Vaters, ihn hinten zu beriechen, indem er, ununterbrochen wedelnd, den Schwanz nach unten nimmt. Der Rücken des Jungen ist gekrümmt, seine Haltung unterwürfig, aber trotzdem befürchtet er offensichtlich nichts von seinem Vater, ja, er belästigt diesen sogar, indem er sich ihm mit Schnauzenstößen und dem Versuch, ihn am Mundwinkel zu lecken, geradezu aufgedrängt. Der alte Rüde nimmt zwar keine Imponierhaltung an, verhält sich aber so steif und würdig, daß er beinahe *verlegen* wirkt: er wendet den Kopf zuerst seitlich von der Schnauze des leckenden Jünglings ab und hebt schließlich die Nase hoch empor, um sie dem Sohne zu entziehen. Als der junge Hund, ermutigt durch das Zurückweichen des Vaters, immer zudringlicher wird, entsteht sogar eine leise Falte des Unwillens. Die Stirne des jungen Hundes dagegen ist nicht nur glatt, sondern breit auseinandergezogen, so daß die Augenwinkel schlitzförmig nach hinten gezogen und gesenkt scheinen. Wie oben die Begrüßungsweise Sentas, sind auch hier die Ausdrucksbewegungen denen völlig gleich, die ein weicher, sehr unterwürfiger Hund dem menschlichen Herrn gegenüber beobachten läßt. Vermenschlichend gesprochen, liegt bei dem jungen Hund ein Kompromiß zwischen einer gewissen Ängstlichkeit und der Liebe vor, die ihn veranlaßt, sich dem Herrscher zu nähern.

Susi trifft im Dorf einen großen, etwa einjährigen Collie-Schäferhundmischling, einen Sohn des schon erwähnten Rolf. Da er sie im ersten Augenblick für Wolf hält, den er sehr fürchtet, erschrickt er. Ihres schwachen Gesichtssinnes wegen können nämlich Hunde auf Entfernung nur grobe Umrißformen unterscheiden, und da Wolf der einzige Chow ist, den die Hunde in der Gegend zu sehen gewohnt sind, kam es häufig vor, daß unsere freche dicke Susi mit ihrem gefürchteten Verwandten verwechselt wurde. Die enorme Frechheit, welche die junge Dame bald entwickelte, ist sicher zum großen Teil dadurch zu erklären, daß sie den allgemeinen Respekt, den sie diesem Irrtum verdankte, ihrer eigenen Furchtbarkeit zuschrieb und sich demgemäß überschätzte. Es erlaubt interessante Rückschlüsse auf den geringen Farbsinn des Haushundes, daß die Verwechslung zustande kam, obwohl Wolf rotgelb, Susi aber bläulich zimmetfarben ist. Der junge Rüde also flieht, wird jedoch von Susi rasch eingeholt und gestellt. Als er mit gesenkten Ohren und breit auseinandergezogener Stirne ergeben vor ihr steht, beginnt die knapp acht Monate alte Hündin freundlich herablassend zu wedeln. Sie versucht, ihn hinten zu beriechen, er jedoch nimmt schüchtern den Schwanz zwischen die Beine und wendet sich schnell um, dergestalt, daß er ihr nicht nur die Flanke, sondern Kopf und Brust zukehrt. Erst jetzt scheint er zu merken, daß er es nicht mit dem gefürchteten rauhen Mann, sondern mit einem netten jungen Mädchen zu tun hat. Er richtet den Nacken steil auf, hebt den Schwanz und rückt mit einem tanzenden Trippeln der Vorderpfoten ein wenig gegen sie vor. Trotz der angedeuteten Imponierhaltung zeigt die Mimik von Gesicht und Ohren immer noch die Gebärde sozialer Ergebenheit. Die schwindet aber allmählich und macht einem Ausdruck Platz, den ich als das *Höflichkeitsgesicht* bezeichnen möchte. Dieses unterscheidet sich von dem der Ergebenheit nur in einer geringen Abänderung in der Stellung der Ohren und der Mundwinkel: jene liegen immer noch flach nach hinten, sind aber nun manchmal so weit zusammengezogen, daß die Spitzen einander berühren; diese werden wie beim Ergebenheitsgesicht ebenfalls weit nach hinten gezogen, aber nicht mehr weinerlich nach unten, sondern deutlich nach oben gerückt, wodurch für den menschlichen Betrachter ein dem Lächeln ähnlicher Ausdruck zustande kommt. Entwickelt sich aus dieser Ausdrucksbewegung, wie es bei ihrer stärkeren Ausprägung regelmäßig der Fall ist, ein Antrag zum *Spielen*, so wird das Maul leicht geöffnet, man sieht die Zunge, und die stark aufwärts gebogenen Winkel der fast bis zu den Ohren auseinandergezogenen Mundspalte nehmen sich noch deutlicher wie ein Lachen aus. Am häufigsten sieht man dieses »Lachen« bei Hunden, die mit einem geliebten Herrn spielen und dabei so in Eifer und Hitze geraten, daß sie hecheln müssen. Vielleicht ist die beschriebene Mimik des Hundes überhaupt als eine Vorwegnahme des Hechelns aufzufassen, die bei Aufkommen von Spielstimmung eintritt. Für diese Vermutung spricht auch die Tatsache, daß das »Lachen« vornehmlich bei leicht erotisch gefärbten Spielen zu beobachten ist, bei denen die Hunde erfahrungsgemäß schon nach geringer Körperbewegung so in Hitze geraten, daß sie stark hecheln.

Der meiner kleinen Susi gegenüberstehende Rüde lächelt immer stärker, immer stärker auch trippelt er mit den Vorderpfoten, plötzlich prellt er kurz gegen die Hündin, stößt sie mit den Vorderpfoten gegen die Brust, wirft sich herum und prescht in höchst eigenartiger Haltung davon: der Rücken ist noch immer ergeben zusammengekrümmt und in den hinteren Partien nach unten gezogen, der Schwanz zwischen die Beine geklemmt. Aber in dieser ängstlichen Stellung vollführt der Rüde Quersprünge des freundlichen Spieles und der Schwanz wedelt, soweit er dazu zwischen den Beinen Platz hat. Die Flucht endet auch schon nach wenigen Metern, der junge Mann wirft sich nochmals herum und steht nun mit breit lachendem Gesicht vor der Hündin, auch seinen Schwanz hat er so viel gehoben, um durch die Fersen nicht mehr am weitausholenden Wedeln behindert zu sein. Dieses beschränkt sich nun nicht auf den Schwanz allein, sondern reißt den halben Rücken des Hundes hin und her. Wieder prellt der Rüde gegen die Hündin vor. Und diesmal haben seine Spielanträge bereits unzweifelhaft ein wenig den Charakter eines erotischen Antrages, der allerdings im

Augenblick, da die Hündin ja nicht läufig ist, im Symbolischen beschränkt bleibt.

Auf Schloß Altenberg, wo ein riesiger nachtschwarzer Neufundländer namens Lord die Stelle des Haushundes innehatte, bekam die Tochter zu ihrem Geburtstag einen reizenden, kaum zwei Monate alten Stallpinsch. Ich war nun Zeuge der ersten Begegnung beider Tiere. Obwohl Quick, der Stallpinsch, ein außerordentlich freches und vorwitziges Kind war, erschrak er tödlich, als er den Berg aus schwarzem Pelz auf sich zukommen sah. Wie alle Hundekinder in solchen Situationen, fiel auch er flach auf den Rücken, und als Lord seine Bauchseite beroch, produzierte er einen winzigen gelben Springbrunnen. Da wandte sich der große Hund nach geruchlicher Kontrolle dieses Gefühlsergusses langsam und würdig wieder von dem entsetzten Baby ab. Im nächsten Augenblick aber war Quick aufgesprungen und sauste nun, befallen vom sogenannten »Rennkrampf«, in eng gezogenen Achterschlingen um die Füße des Großen, sprang ihn spielend an und forderte ihn zur Verfolgung auf. Die kleine Besitzerin, die bis dahin unter Tränen und nur von grausamen Brüdern am Einschreiten gehindert, der Begegnung zugesehen hatte, atmete erleichtert auf, als sich nun jenes wirklich rührende Schauspiel entwickelte, das uns das Spiel zwischen einem sehr großen und einem sehr kleinen Hunde bietet.

Die sechs Hundebegegnungen habe ich um ihres ausgeprägten Charakters willen als Beispiele gewählt. Tatsächlich gibt es natürlich unzählige Übergänge und Mischungen zwischen den Gefühlen und entsprechenden Ausdrucksbewegungen der Selbstsicherheit und der Furcht, des Imponierens und der Ergebenheit, des Angriffs und der Verteidigung. Eben dadurch wird die Analyse der Verhaltensweisen so schwierig. Man muß die beschriebenen – und noch viele andere – typischen Ausdrucksbewegungen schon sehr genau kennen, um sie auch dann im Hundegesicht richtig lesen zu können, wenn sie sich nur andeutungsweise oder mit anderen gemischt zeigen.

Eine besonders erfreuliche und sympathische Seite des ungeschriebenen, aber in den erblichen Runen des Zentralnervensystems seit Urväterzeit festgelegten Gesetzes der Hundesitten betrifft die ritterliche Behandlung der Frauen und Kinder, also der Hündinnen und Welpen. Kein normaler Hund beißt einen weiblichen Artgenossen, die Hündin ist unbedingt tabu und darf sich dem Rüden gegenüber alles herausnehmen, sie darf ihn zwicken und zausen, ja sogar ernstlich beißen: dem Rüden stehen keine anderen Gegenmaßnahmen zur Verfügung als die Demutsgebärde und der Versuch, den Angriff der bösen Frau mit Hilfe des erwähnten »Höflichkeitsgesichtes« ins Spielerische abzubiegen. Die einzige weitere Möglichkeit, nämlich offene Flucht, verbietet dagegen die männliche Würde, denn gerade vor der Hündin ist der Rüde peinlich bedacht, »sein Gesicht zu wahren«.

Beim Wolf, wie auch bei den überwiegend wolfsblütigen grönländischen Eskimohunden, gilt diese ritterliche Zurückhaltung nur vor Weibchen des eigenen Rudels, bei allen vorwiegend aureusblütigen Hunden aber für jedes Weibchen, also auch für das völlig unbekannte. Der Chow nimmt eine Mittelstellung ein; lebt einer dauernd mit seinesgleichen zusammen, kann er gegen fremde Aureushündinnen recht rüpelhaft sein, sie anknurren und anrempeln, doch habe ich noch keinen gesehen, der wirklich zugeschnappt hätte.

Bedürfte es noch eines Beweises, um mich von der zoologischen Andersartigkeit, der grundsätzlichen Verschiedenheit des stark lupusblütigen Chows und unserer gewöhnlichen europäischen Hunderassen zu überzeugen, ich nähme die Feindschaft dafür, die man regelmäßig zwischen diesen von verschiedenen Wildformen abstammenden Hunden beobachten kann. Der spontane Haß, den ein Chow bei Dorfhunden, die noch nie seinesgleichen gesehen haben, hervorruft, vor allem aber die Selbstverständlichkeit, mit der jeder Köter einen Schakal oder einen Dingo wie seinesgleichen behandelt, sind für mich stärker überzeugende »Reagenzien« für die tatsächlichen Verwandtschaftsverhältnisse als alle Messungen und Berechnungen von Schädel- und Skelettproportionen, auf deren statistische Auswertung sich die gegenteilige Meinung gründet. Vor allem sind es die Störungen des sozialen Verhaltens, die mich in meiner Meinung bestärken. Es kommt sehr häufig vor, daß beide Hundearten einander nicht anerkennen, so daß Rüden sogar vor Hündinnen und Jungen die allgemeinsten »Hunderechte« nicht oder nur ungenügend respektieren. Der Verhaltensforscher, der Zoologe, der einiges Fingerspitzengefühl für systematische und stammesgeschichtliche Zusammenhänge hat, *sieht* einfach, daß der Lupushund eine andere Spezies ist als der Aureushund. Und wenn nun die Hunde selbst, die bestimmt nicht vom wissenschaftlichen Meinungsstreit beeinflußt sind, zweifellos das gleiche sehen, so glaube ich ihnen mehr als jeder Statistik.

Unter artgleichen und zum selben gesellschaftlichen Verbande gehörenden Tieren ist also ein Junges, welches weniger als ungefähr sechs Monate alt ist, absolut unverletzlich. Die Demutgebärde – auf den Rücken fallen und urinieren – ist nur im ersten Augenblick der Begegnung notwendig und dient offenbar zuvörderst dazu, dem erwachsenen Hund zu sagen, daß er einem Kinde gegenübersteht. Es fehlen mir Beobachtungen und Experimente, die sichere Schlüsse zuließen, ob der erwachsene Hund die schonungsbedürftige Kindlichkeit *nur* an diesem Verhalten erkennt oder ob er außerdem noch im Geruche des Kindes Kennzeichen seines zarten Alters wahrnimmt, was mir wahrscheinlich vorkommt. Sicher spielt das Größenverhältnis zwischen dem Alten und dem Jungen keinerlei Rolle. Ein bissiger kleiner Foxterrier behandelt junge Bernhardiner auch dann als schonungsbedürftige Kindchen, wenn sie bedeutend größer sind als er, und männliche Hunde sehr großer Rassen haben meist keine Hemmungen, kleine Rüden als Kampfesgegner zu betrachten, auch wenn dieses Verhalten vom menschlichen Standpunkt aus höchst unritterlich scheint. Ich will die ritterliche Schonung kleinerer Hunde, die Bernhardinern, Neufundländern und Doggen oft nachgerühmt wird, nicht ganz ins Reich der Fabel verweisen, aber persönlich kennengelernt habe ich ein solch edles Tier trotz meinem überdurchschnittlichen Reichtum an Hundebekanntschaften noch nie.

Eine ungemein erheiternde, ja rührende Szene kann man hervorrufen, wenn man einen recht würdigen und zum Imponiergehaben neigenden Rüden grausamerweise einer Schar kleiner Welpen »zum Spiele vorwirft«. Unser alter Wolf I. taugte gerade für diesen Versuch ausgezeichnet; er war ernst und wenig spielfreudig, deshalb war es ihm außerordentlich peinlich, wenn man ihn zwang, auf der Terrasse seine damals etwa zwei Monate alten Kinder zu besuchen, denen obendrein noch ein gleichaltriger Dingo gesellt war. Während größere junge Hunde, etwa vom fünften Monat an, einen gewissen Respekt vor der professoralen Würde eines alten Rüden haben, fehlt diese Achtung bei so kleinen Kindern vollkommen. Sie stürzen sich mit ihren scharfen und täppisch rücksichtslos zwickenden Zähnchen auf den Vater und beißen ihn in die Füße, so daß er einen um den anderen hochhebt, als sei er auf etwas Heißes getreten. Dabei darf der Arme nicht einmal knurren, geschweige denn die unartigen Kleinen bestrafen. Merkwürdigerweise begann unser grantiger Wolf nach einiger Zeit doch mit seinen Kindern zu spielen, er ließ sich eben gewissermaßen dazu erweichen; freiwillig aber ging er nie auf die Terrasse, solange seine Kinder noch klein waren.

In mancher Hinsicht ähnlich ist die Situation, in welche ein Rüde gegenüber einer ihn angreifenden Hündin gerät. Die Hemmung, zu beißen oder auch nur zu knurren ist die gleiche, das Motiv aber, das den Rüden zwingt, sich der kampfsüchtigen Dame zu nähern, ist unvergleichlich stärker, und der Konflikt zwischen männlicher Würde, Angst vor dem scharfen Gebiß der Gegnerin und der Macht erotischer Triebe führt zu einem Verhalten, das zuweilen wie eine Satire auf das des Menschen wirkt. Vor allem die spielerische Komponente in dem besprochenen Höflichkeitsverhalten nimmt sich an einem alten, ernsten Rüden beinahe peinlich aus. Wenn so ein rauher Kämpe, der die Zeiten kindlichen Spieles längst hinter sich hat, bei der Liebeswerbung mit den Vorderfüßen trippelt und neckisch vor- und zurückprellt, so zieht auch der nicht vermenschlichende Beobachter gewisse Vergleiche. Die werden noch eindringlicher durch das Verhalten der Hündin, die den Rüden geradezu aufreizend hochmütig behandelt, zumal ja der Mann alles hinnehmen muß.

Ein gutes Beispiel erlebte ich, als ich damals mit Stasi den Grauwolf in seinem Käfig besuchte. Nach kurzer Zeit trug mir der Wolf, wie noch zu erzählen sein wird, ein Spiel an, auf das ich geschmeichelt einging. Stasi nahm es aber krumm, daß ich mich mit dem Wolf mehr beschäftigte als mit ihr, und ging plötzlich zum Angriff auf meinen Spielpartner vor. Nun haben Chowhündinnen ein besonders ekelhaft keifendes Bellen und eine bestimmte Art zu zwicken, wenn sie einen Rüden »strafen« wollen: sie beißen zwar nicht tief und kräftig zu wie kämpfende Rüden, sondern fassen offenbar absichtlich nur die Haut, diese aber nachhaltig genug, um den Mann schmerzlich aufjaulen zu lassen. Auch der Wolf jaulte, indes er mit Demuthaltung und Höflichkeitsgebärde der wütenden Stasi auszuweichen trachtete. Da ich es begreiflicherweise auf keine allzu harte Probe seiner Ritterlichkeit ankommen lassen wollte, vor allem deshalb, weil ich fürchtete, schließlich selbst unter seinem Unmut leiden zu müssen, wies ich das böse Weib nachdrücklich zur Ruhe. So ereignete sich der paradoxe Fall, daß ich Stasi verprügelte, damit sie dem sanften Wolf nichts tue. Keine zehn Minuten vorher hatte ich außerhalb des Käfigs eine Eisenstange und zwei Eimer mit Wasser bereitgestellt, um gegebenenfalls meine geliebte kleine Hündin vor dem Angriff des gewaltigen Raubtieres retten zu können. Sic transit gloria – lupi!

Herr und Hund

Es sind sehr verschiedene Motive, welche die Menschen zur Anschaffung und Haltung eines Tieres veranlassen können: aber nicht alle sind gut. Vor allem unter den Hundefreunden gibt es Leute, die nur bitterer Erfahrungen wegen beim Tier Zuflucht suchen. Es stimmt mich ernst und traurig, wenn ich den bösen und völlig falschen Satz höre: »Die Tiere sind doch besser als die Menschen.« Sie sind dies nämlich wirklich nicht! Zugestanden, die Treue eines Hundes findet nicht leicht ihresgleichen unter den sozialen Loyalitäten des Menschen. Dafür kennt aber der Hund jenes Labyrinth oft einander widersprechender moralischer Verbindlichkeiten nicht, er kennt nicht, oder nur in verschwindendem Maße, den Zwiespalt zwischen Neigung und Sollen, kurz alles das, was uns arme Menschen schuldig werden läßt. Auch der treueste Hund ist im Sinne menschlicher Verantwortlichkeit a-moralisch.

Die wirklich genaue Kenntnis sozialer Verhaltensweisen höherer Tiere führt durchaus nicht, wie viele glauben, zu einer Unterschätzung der Unterschiede zwischen Mensch und Tier, im Gegenteil: nur ein guter Kenner tierischen Verhaltens ist imstande, die einzigartige und hohe Stellung richtig einzuschätzen, die der Mensch unter den Lebewesen einnimmt. Der wissenschaftliche Vergleich des Tieres mit dem Menschen, der einen so wesentlichen Teil unserer Forschungsmethode ausmacht, bedeutet ebensowenig eine Herabsetzung der Menschenwürde wie die Anerkennung der Abstammungslehre. Es liegt im Wesen des schöpferischen organischen Werdens, daß dieses immer völlig Neues und *Höheres* schafft, das in der Vorstufe, in der es seinen Ursprung nahm, in keiner Weise vorgebildet oder auch nur enthalten war. Wohl steckt auch heute noch alles Tier im Menschen, keineswegs aber aller Mensch im Tier. Unsere stammesgeschichtliche Untersuchungsmethode, die notwendigerweise von der *unteren* Stufe, vom Tiere, ausgeht, läßt uns gerade das wesentlich Menschliche, jene hohen Leistungen menschlicher Vernunft und Ethik, die in der Tierreihe nie dagewesen sind, besonders klar sehen, da wir sie von jenem Hintergrunde alter historischer Eigenschaften und Leistungen abheben, die dem Menschen auch heute noch mit den höheren Tieren gemeinsam sind. Der Satz, die Tiere seien doch besser als die Menschen, ist einfach eine Gotteslästerung; auch für den kritischen Naturforscher, der den Namen Gottes nicht so leicht eitel nennt, bedeutet sie die satanische Leugnung der schöpferischen Höherentwicklung in der Organismenwelt.

Leider verharrt ein erschreckend großer Teil der Tierfreunde, vor allem aber der Tierschützer, auf diesem ethisch höchst gefährlichen Standpunkt. Nur jene Tierliebe ist schön und veredelnd, die der weiteren und allgemeineren Liebe zur gesamten Welt der Lebewesen entstammt, deren wichtigster und zentraler Teil die Menschenliebe bleiben muß: »Ich liebe, was da lebt«, läßt J. V. Widmann in seiner dramatischen Legende ›Der Heilige und die Tiere‹ den Erlöser sagen. Nur wer von sich das gleiche behaupten kann, darf ohne moralische Gefahr sein Herz an die Tiere hängen. Wer aber, von menschlichen Schwächen enttäuscht und verbittert, seine Liebe der Menschheit entzieht und sie an Hund oder Katze wendet, begeht zweifellos eine schwere Sünde, eine soziale Sodomie sozusagen, die ebenso ekelerregend ist wie die geschlechtliche. Menschenhaß und Tierliebe ergeben eine sehr böse Kombination.

Natürlich ist es harmlos und durchaus erlaubt, wenn einsame Menschen, die irgendwelcher Gründe wegen sozialen Anschluß entbehren, aus dem inneren Bedürfnis, zu lieben und geliebt zu werden, sich einen Hund anschaffen. Man fühlt sich tatsächlich nicht mehr allein auf der Welt, wenn wenigstens ein Wesen da ist, das sich darüber freut, daß man wieder nach Hause kommt.

Tier- und menschenpsychologisch außerordentlich lehrreich,

zuweilen auch erheiternd, ist das Studium der harmonischen Abgestimmtheit von Herrn und Hund aufeinander. Schon in der Wahl des Hundes, noch mehr aber in der späteren Entwicklung der Beziehungen, kann man interessante Feststellungen machen. Wie im menschlichen Leben führen auch hier sowohl äußerste Gegensätze als auch größte Ähnlichkeit zu einem glücklichen Zusammenleben. Findet man an älteren Ehepaaren Züge, als seien Mann und Frau Geschwister, so lassen sich auch zwischen Herrn und Hund im Laufe der Jahre Ähnlichkeiten des Gehabens feststellen, die rührend und komisch zugleich wirken. Bei erfahrenen Hundekennern verstärken sich diese Ähnlichkeiten natürlich noch dadurch, daß die Wahl der Rasse und des Einzelhundes von der Sympathie für das Wesensverwandte bestimmt wird. Die Chowhündinnen, die in zeitlicher Aufeinanderfolge meine Frau durch das Leben begleiteten, sind typische Beispiele solcher »Sympathie«- oder »Resonanzhunde«. Mir geht es prinzipiell ähnlich, so daß es für gute Freunde, die uns beide wie auch unsere Hunde genau kennen, eine Quelle der Erheiterung ist, das Spiegelbild unserer Eigenschaften in unseren Hunden zu finden. Die Hunde meiner Frau sind stets auffallend reinlich und haben einen gewissen Ordnungssinn: sie treten, scheinbar von selbst, nicht in Schmutzlacken und bewegen sich auf den schmalsten Weglein zwischen Blumen- und Gemüsebeeten, ohne je in diese hineinzutreten. Meine dagegen wälzen sich grundsätzlich in jeder Pfütze und bringen unbeschreiblichen Dreck ins Haus, kurz, sie unterscheiden sich in analoger Weise von meiner Gattin wie ich. Manches ist daraus zu erklären, daß unter den Hunden unserer Zucht meine Frau nur solche Junge wählte, in welchen das Erbe der zurückhaltenden, katzenhaft reinlichen und im ganzen »edleren« Chow-Chow überwog, indes ich stets die bevorzugte, in welchen mehr von dem lebhafteren, vitaleren, aber zweifellos ordinäreren Naturell meiner alten Schäferhündin Tito zu erkennen war. Eine weitere Parallele besteht darin, daß trotz enger Blutsverwandtschaft die Hunde meiner Frau zart und mäßig, meine aber maßlos viel fressen. Wie das zustande kommt, vermag ich einfach nicht zu erklären.

Meiner Meinung nach spricht es stets für eine gewisse Ausgeglichenheit des Hundefreundes, ja geradezu für seine Selbstzufriedenheit, wenn er einen Parallel- oder Resonanzhund hat. Ein Verhältnis, wie es sich in einem solchen Fall zwischen Herrn und Hund bildet, hat ja zur Voraussetzung, daß sie, nach den schönen Worten von Wilhelm Busch, »beiderseits mit sich zufrieden sind«. Anders ist dies beim typologischen Gegenstück des Resonanzhundes, das ich als den »Komplementärhund« bezeichnen möchte. Nicht, daß etwa hier das Verhältnis zwischen Herrn und Hund weniger erfreulich und innig wäre, im Gegenteil, es kann sogar besser sein, ähnlich jenen menschlichen Freundschaften, in denen die Partner einander ergänzen. Anderseits gibt es Fälle, in denen das Komplementär-Verhältnis unerquicklich wird. Einen solchen beobachtete ich jüngst auf der Straße. Ein blasser, schmalbrüstiger Herr mit bekümmertem und ärgerlichem Gesichtsausdruck, in seiner Kleidung von schäbiger Respektabilität, mit Stehkragen und Zwicker, kurz in jedem Zoll Büromensch und kleiner Beamter, ging mit einem sehr großen, sichtlich etwas unterernährten deutschen Schäferhund, der in gedrückter Haltung dicht »bei Fuß« einherschlich. Der Mann trug eine schwere Hundepeitsche, und als er plötzlich stehenblieb und der Hund dabei mit der Nase um nur wenige Zentimeter über die dressurmäßig festgesetzte Linie vorwärtskam, schlug er hart und scharf mit dem Peitschenstiel nach der Nase des Hundes. Der Gesichtsausdruck des Menschen zeigte in diesem Augenblick einen solchen Abgrund von Haß und gereizter Nervosität, daß ich mich nur mühsam zurückhalten konnte, Anlaß zu einem öffentlichen Streit zu geben. Ich wette tausend gegen eins, daß jener unglückliche Hund seinem noch unglücklicheren Herrn gegenüber genau die gleiche Rolle spielte, wie dieser im Büro gegenüber seinem vielleicht ebenso bedauernswerten Vorgesetzten.

Hunde und Kinder

Ich selbst habe leider eine hundelose Kindheit verbracht. Meine Mutter stammte nämlich aus einer Zeit, in der die Bakterien gerade erfunden worden waren und die meisten wohlsituierten Kinder rachitisch wurden, weil man aus Furcht vor Bazillen alle Vitamine in der Kindermilch totsterilisierte. Erst als ich so groß war, daß man meinem feierlichen Manneswort, mich nie von dem Hunde abschlecken zu lassen, genügendes Vertrauen entgegenbrachte, durfte ich zum erstenmal einen Hund haben. Der war leider ein Vollidiot, nämlich der Dackel Kroki. Kein Wunder, daß dieser charakterlose Köter meine Begierde nach einem Hund für geraume Zeit dämpfte.

Meine Kinder hingegen sind in engster Kameradschaft mit Hunden aufgewachsen. Ich sehe noch die winzigen Menschen auf allen Vieren unter den Bäuchen der großen Schäferhunde – wir hatten damals fünf Stück – zum Entsetzen meiner armen

Mama herumkrabbeln. Als mein Sohn laufen lernte, pflegte er sich gern an Titos langem Schwanz anzuhalten, wollte er von der vierbeinigen zur zweibeinigen Lokomotion übergehen.

Tito hielt dann zwar mit Duldermiene still, sowie aber das Bübchen aufrecht stand und ihren schwergeprüften Schwanz losließ, wedelte sie erleichtert so heftig, daß ihre üppige Rute den kleinen Mann derart nachdrücklich auf den Rücken oder vor den Bauch schlug, daß er wie vom Blitz getroffen wieder zusammenbrach.

Feinsinnige, empfindsame Hunde sind zu den Kindern ihres geliebten Herrn reizend, da sie genau wissen, wie viel ihm an den Kindern liegt. Die Besorgnis, der Hund könnte einem Kinde etwas tun, ist geradezu lächerlich, hingegen besteht einiger Grund zu der gegenteiligen Sorge, daß sich nämlich der Hund von den Kindern zu viel gefallen läßt und sie dadurch zur Rücksichtslosigkeit erzieht. Besonders bei sehr großen und gutmütigen Hunden, etwa bei Bernhardinern oder Neufundländern, muß man in dieser Beziehung einige Vorsicht walten lassen. Im allgemeinen aber verstehen es die Hunde sehr gut, sich einer allzu lästigen und quälenden Aufmerksamkeit der Kinder erfolgreich zu entziehen – und gerade darin liegt ein hoher pädagogischer Wert: da nämlich normal geartete Kinder stets großen Gefallen an der Gesellschaft der Hunde finden und dementsprechend traurig sind, wenn diese vor ihnen davonlaufen, so wird den kleinen Menschen sozusagen von selbst beigebracht, wie sie sich zu verhalten haben, um von den Hunden als wünschenswerte Gesellschafter betrachtet zu werden. Kinder, welche auch nur einigermaßen mit angeborenem Taktgefühl begabt sind, lernen so bereits in zartestem Alter, Rücksicht zu nehmen – gewiß eine wertvolle Erwerbung. Wenn ich in einem fremden Hause sehe, daß ein Hund vor dem fünf- oder sechsjährigen Söhnchen *nicht* davonrennt, sondern sich ihm freundlich und ohne jede Scheu naht, steigt meine Wertschätzung des Söhnchens und damit der ganzen Familie beträchtlich.

Leider muß gesagt werden, daß die Bauernbuben meiner engeren Heimat ausgesprochen zu roh sind für den Umgang mit Hunden. Man wird bei uns niemals eine Horde kleiner Buben in Begleitung eines Hundes sehen. Ich kenne zwar einzelne Bauernkinder, die mit dem eigenen Hunde durchaus nett sind, aber in einer größeren Bubenschar scheinen regelmäßig sich einige Rohlinge zu befinden, welche, und dies ist das Schlimmste, stets die Oberhand gewinnen. Jedenfalls flieht der durchschnittliche niederösterreichische Dorfhund, sobald er den durchschnittlichen niederösterreichischen Bauernbuben nahen sieht. Das müßte nicht so sein und ist bemerkenswerterweise auch nicht überall so. In Weißrußland zum Beispiel sieht man regelmäßig »gemischte Buben- und Hundemeuten« durch die Dörfer streunen, kleine, meist strohköpfige fünf- bis siebenjährige Buben und unzählige rasselose Hunde! Die Hunde haben vor den Buben nicht die geringste Scheu, sondern bringen ihnen vollstes Vertrauen entgegen. Aus diesem Vertrauen lassen sich weittragende Schlüsse auf die seelischen Eigenschaften jener Buben ziehen! Es ist wohl die große Naturverbundenheit der russischen Bauernkinder, die sie gegen Hunde so zartfühlend sein läßt.

Das merkwürdigste Verhältnis zwischen einem Hunde und einem Kind, das ich je erlebt habe – ich war damals selbst noch ein Kind –, bestand zwischen dem riesigen, schwarzen Neufundländer und meinem späteren Schwager Peter. Jener war Haushund, dieser Haussohn auf dem benachbarten Schloß Altenberg. Lord, so hieß das schon einmal erwähnte Tier, war mutig bis zur Verwegenheit, treu, gutmütig und charakterfest, Peter einer der gefährlichsten Lausbuben der Gegend. Und gerade ihn, den damals Elfjährigen, suchte sich der gewaltige Rüde als Herrn aus, obwohl das Tier bereits erwachsen auf das Schloß kam. Was den Hund dabei bewegt haben mochte, ist mir heute noch unklar, da sich ja Hunde ähnlichen Charakters sonst nur Männern, womöglich dem Familienvater, anzuschließen pflegen. Vielleicht waren es ritterliche Motive, die ihn bewegten, denn Peter war der Jüngste und Schwächste, nicht nur unter den vier Brüdern, sondern überhaupt unter der wilden Schar vieler Buben und einiger Mädel, die damals die Altenberger Wälder durch höchst realistische und viel wirkliches Pulver verknallende Indianerspiele unsicher machten. Er wurde oft verhauen, wie übrigens wir alle im Laufe unserer Kämpfe, Peter jedoch, meiner Meinung nach verdientermaßen, öfter als alle anderen. Lord hingegen fand das nicht in Ordnung und schob dem energisch einen Riegel vor. Er hat in Verteidigung seines kleinen Herrn niemals einem von uns anderen Buben auch nur einen Kratzer zugefügt, geschweige denn ernstlich gebissen. Aber haue einmal einen Buben, wenn dir dabei ein Hund, groß wie ein Löwe und schwarz wie die Mitternacht, zwei schwere Pranken auf die Schultern legt, ein gefletschtes Gebiß von riesigen, schneeweißen Zähnen unter die Nase hält und in tiefen Orgeltönen dazu knurrt! Peter hat dem Hunde diesen Schutz mit inniger Liebe vergolten; die beiden waren unzertrennlich. Dies erschwerte Peters Erziehung erheblich, denn selbst Herr Niedermaier, der höchst energische Hauslehrer, durfte es nicht wagen, auch nur die Stimme gegen Peter zu erheben. Sofort ertönte aus irgendeinem Winkel ein orgeltiefes Grollen, und der schwarze Löwe schob sich majestätisch näher, worauf Herr

Niedermaier die Achseln zuckte und sich abwandte: da stehste machtlos vis-à-vis!

Ich habe ein Vorurteil gegen Menschen, auch gegen kleine Kinder, die sich vor Hunden fürchten. Dieses Vorurteil ist sicher unberechtigt, denn man darf es als eine völlig normale Reaktion ansehen, daß ein kleiner Mensch beim Anblick eines solchen größeren Raubtieres zunächst vorsichtig und ängstlich ist. Aber die umgekehrte Einstellung, daß ich Kinder liebe, die Hunde nicht fürchten und mit ihnen geschickt umgehen, hat gewiß ihre Berechtigung, denn der Umgang mit Tieren erfordert eine innige Vertrautheit mit der Natur. Meine Kinder waren schon lange vor der Vollendung ihres ersten Lebensjahres so vollkommen mit Hunden vertraut, daß wohl nie eines auf den Gedanken gekommen ist, das Tier könnte ihm etwas zuleide tun. Eben dadurch hat mich meine Tochter Agnes, als sie kaum sechs Jahre zählte, arg erschreckt.

Agnes war mit ihrem um anderthalb Jahre älteren Bruder in der Au gewesen, um in meinem Auftrage lebendes Fischfutter zu holen. Als die Kinder heimkamen, brachten sie einen gewaltigen, sehr schönen deutschen Schäferhund mit, der sich ihnen angeschlossen hatte. Der Rüde, den ich auf mindestens sechs oder sieben Jahre schätzte, was, wie sich später herausstellte, auch richtig war, machte einen etwas gedrückten und ängstlichen Eindruck. Von mir ließ er sich nur widerwillig streicheln, an den Kindern aber klebte er mit einer beinahe krampfhaft wirkenden Ergebenheit. Die Sache war mir unheimlich, zumal das Tier mir leicht geistesgestört vorkam. Obendrein, wie kam wohl der alte Rüde dazu, sich plötzlich den beiden Kindern anzuschließen? Später fand sich dafür eine einleuchtende Erklärung. Er gehörte nach Langenlebarn, einem zehn Kilometer stromaufwärts gelegenen

Dorf, und war von dort, entsetzt über die Böllerschüsse, die anläßlich eines Kirchweihfestes abgefeuert wurden, davongelaufen und fand merkwürdigerweise nicht mehr heim. Sein Besitzer hatte zwei Kinder, die meinen in Alter und Aussehen glichen. Offenbar hatte sich ihnen der Rüde deshalb, als er sie in der Au traf, sofort angeschlossen. Das alles wußte ich aber damals noch nicht. Meine Kinder baten mich flehentlich, sofern sich kein Eigentümer melden sollte, den Hund behalten zu dürfen.

Eine weitere Komplikation bestand darin, daß unser damaliger Hund, Wolf I., ebenfalls an den Kindern hing, wenn auch in der lockeren und unbotmäßigen Weise des männlichen Lupushundes. Daß der kriecherische Sklave, der verdammte Eindringling, ihm nun die Gunst seiner kleinen Herrn abspenstig machte, kränkte und ärgerte ihn berechtigterweise fürchterlich. Meine eindringlichen, an beide Hunde gerichteten Drohungen verhinderten zunächst einen Kampf, wobei mir die wenig angriffsfreudige Stimmung des Neuankömmlings zustatten kam. Doch war mir ob dieser Erwerbung keineswegs wohl. Das dicke Ende blieb auch nicht aus. Ich oblag gerade auf dem kleinsten Orte des Hauses einem friedlichen Geschäfte, als mich die Geräusche eines Hundekampfes und die entsetzlich gellenden Hilferufe meiner kleinen Agnes aufschreckten. Mit hängenden Textilien raste ich die Treppe hinab vor das Haus und sah dort die beiden Hunde erbittert kämpfend ineinander verbissen und *unter* ihnen hervorlugend – die Beinchen meiner Tochter! Ich packte mit je einer Hand einen Hund am Nacken und riß die Tiere mit übermenschlicher Anstrengung auseinander, um Agnes zu befreien. Sie lag auf dem Rücken – und hatte ebenfalls je eine Hand in das Fell eines Hundes verkrallt. Wie sie mir nachher erzählte, hatte sie, auf dem Boden sitzend, beide Hunde gleichzeitig gestreichelt, in der

41

Meinung, sie miteinander versöhnen zu können. Natürlich hatte dies den gegenteiligen Erfolg gehabt, die beiden Rüden waren einander über den Körper des Mädchens hinweg an die Gurgel gefahren. Agnes hatte versucht, die Kämpfenden zu trennen und hatte auch dann nicht losgelassen, als sie von den Hunden niedergeworfen und mit den Füßen getreten worden war. Daß einer von ihnen *ihr* etwas hätte tun können, war ihr nicht einmal für den Bruchteil einer Sekunde in den Sinn gekommen!

Falsche Katze – lügender Hund

Zu den sprichwörtlich gewordenen Dummheiten, gegen welche die Wissenschaft vergeblich kämpft, gehört die Meinung, Katzen seien falsch. Es ist mir unklar, wie sie entstanden sein mag. Unmöglich kann dazu die Jagdweise der Katze beigetragen haben, das leise Beschleichen der Beute, denn Tiger und Löwen jagen nicht anders. Hingegen bleibt die Katze von dem Vorwurf, blutdürstig zu sein, verschont, obwohl sie gleich jenen Raubtieren ebenfalls ihre Beute totbeißt. Ich weiß kein einziges, der Katze eigentümliches Verhalten, das man nur annähernd, wenn auch zu Unrecht, »falsch« nennen könnte. Es gibt wenige Tiere, in deren Gesicht der Kundige so eindeutig die augenblickliche Stimmung lesen könnte wie in dem der Katze. Man weiß immer, woran man ist, welche Handlung für den nächsten Augenblick erwartet werden kann. Wie unmißverständlich ist der Ausdruck vertrauensvoller Freundlichkeit, wenn das Gesicht faltenlos dem Beschauer zugewandt ist, die Ohren aufgerichtet sind und die Augen offenstehen, wie unmittelbar drückt sich jede aufwallende, ängstliche oder feindselige Erregung in den Spannungszuständen der mimischen Muskulatur aus. Die Streifenzeichnung im Gesichte einer wildfarbigen Katze macht diese leisen Bewegungen der Gesichtshaut noch besonders deutlich und vermehrt die Ausdrucksfülle der Mimik, einer der Gründe, weshalb ich die wildfarbig getigerte Hauskatze allen anderen vorziehe. Ein leises Anklingen von Mißtrauen – noch lange nicht von Furcht –, und schon sind die unschuldig runden Augen etwas länglich und schräg geworden, die Ohren haben ihre aufrechte und »zugeneigte« Stellung aufgegeben, und es bedürfte gar nicht der subtilen Veränderung der Körperhaltung sowie der sich hin- und herbewegenden Schwanzspitze, um den veränderten Seelenzustand zutage treten zu lassen.

Und wie ausdrucksvoll sind erst die Drohstellungen der Katze, wie voneinander völlig verschieden, je nachdem, *wem* sie gelten, dem befreundeten Menschen, wenn er sich zuviel »herausnimmt«, oder einem ernstlich gefürchteten Feinde; verschieden aber auch, je nachdem, ob die Drohung bloß defensiv gemeint ist oder ob sich die Katze dem Gegner überlegen fühlt und ihren Angriff ankündigt. Dies tut sie nämlich immer. Abgesehen von unverläßlichen und verrückten Psychopathen, die es unter hochgezüchteten Katzen ebenso gibt wie unter hochgezüchteten Hunden, kratzt oder beißt eine Katze *niemals*, ohne den Beleidiger ernst und verständlich gewarnt zu haben, ja, die allmählich stärker werdenden Drohgebärden erfahren meist unmittelbar vor dem Angriff noch eine ruckartige Steigerung, die gewissermaßen ein Ultimatum bedeutet: »Läßt du nicht sofort ab, bin ich zu meinem Bedauern genötigt, Repressalien zu ergreifen!«

Einem Hunde, oder überhaupt einem großen, sie gefährdenden Raubtiere, droht die Katze, indem sie den bekannten Buckel macht: dieser, sowie das am Rücken und am Schwanz gesträubte Fell (wobei der Schwanz etwas seitwärts gehalten wird), lassen das Tier dem Feinde größer erscheinen als es ist, zumal sich die Katze auch ein wenig breitseits zum Gegner stellt, ein Verhalten, das dem Imponiergehaben mancher Fische ähnelt. Die Ohren sind flach niedergelegt, die Mundwinkel nach hinten gezogen, die Nase ist gerunzelt. Ein leises, aber ungemein bedrohlich klingendes, metallisches Knurren steigt aus der Brust des Tieres empor und geht zeitweise unter gleichzeitiger Verstärkung des Nasenrunzelns in das bekannte »Spucken« über, das heißt in ein stoßweises Fauchen, bei dem der Rachen sehr weit aufgerissen ist und die Eckzähne entblößt werden. An sich ist diese Drohmimik zweifellos *defensiv* gemeint, man beobachtet sie am häufigsten, wenn eine Katze sich *unerwartet*, also ehe sie fliehen konnte, einem großen Hunde gegenüber sieht. Kommt dieser trotz der Warnung noch näher heran, so flieht die Katze nicht, sondern greift bei Überschreitung einer bestimmten »kritischen Distanz« an: sie wirft sich dem Hunde ins Gesicht und bearbeitet mit Krallen und Zähnen die empfindlichsten Stellen, womöglich Augen und Nase des Gegners. Prallt der Feind auch nur einen Augenblick zurück, so benutzt die Katze diese minimale Atempause regelmäßig zur Flucht. Der kurze Angriff ist also nur ein Mittel, um loszukommen.

In *einem* Falle aber kann der *Angriff* der Katze in der Buckelstellung fortgesetzt werden, und zwar dann, wenn eine Mutter ihre Jungen von einem Hunde bedroht glaubt. Hierbei geht die Katze auch aus größerer Entfernung ihrem Feinde entgegen; da sie Buckel- und Breitseitsstellung beibehält, kommt eine höchst eigenartige Bewegungsweise zustande: die Katze galoppiert *quer* zu ihrer Längsachse auf den Gegner zu. An einem erwachsenen Kater habe ich dieses Verhalten, ausgenommen im *Spiel*, nicht beobachtet; er kommt ja auch nie in die Lage, einen überlegenen Feind dergestalt angreifen zu müssen. Bei säugenden weiblichen Katzen jedoch bedeutet der Angriff in Breitseitsstellung immer den unbedingten und restlosen Opfermut. In diesem Zustand ist das sanfteste Kätzchen beinahe unüberwindlich. Ich habe große Hunde, berüchtigte Katzentöter, vor solchem Angriff kapitulieren und fliehen gesehen. Ernest Seton Thompson beschrieb anschaulich eine entzückende und zweifellos wahre Begebenheit: im Yellowstone-Park schlug eine Katzenmutter einen – Bären in die Flucht und verfolgte ihn, bis er in seiner Angst auf einen Baum kletterte!

Wiederum anders, und diesmal mit Gebärden der Demut verwandt, ist das Drohen einer Katze, die von einem *befreundeten* Menschen übermäßig sekkiert wird. Diese Art gehemmter, von um Gnade flehenden Gesten der Unterwerfung überlagerter Drohgebärden kann man oft auf Katzenausstellungen beobachten, wo die Tiere in fremder Umgebung sind und sich von fremden Menschen, beispielsweise von Preisrichtern, angreifen lassen müssen. Wird die Katze durch derartige Umstände in Angst versetzt, duckt sie sich, ihr Körper wird immer niedriger, bis er schließlich eng an die Unterlage geschmiegt ist. Die Ohren sind drohend flachgelegt, die Schwanzspitze peitscht erregt hin und her, bei höheren Graden der Erregung beginnt die Katze zuweilen auch zu knurren. In dieser Stimmung sucht das Tier unbedingt *Rückendeckung*: es fährt blitzschnell hinter einen Schrank, in einen Kamin oder hinter eine Zentralheizung; ist eine derartige Deckung nicht erreichbar, drückt sie sich wenigstens an die

Wand, und zwar stets so, daß sie mit dem Rücken zur Wand gewendet und an diese gepreßt, schräg daliegt. Die Schräglage ist selbst dann zu bemerken, wenn das bedrängte Tier frei auf dem Tische vor dem Preisrichter sitzen muß; sie bedeutet eine drohende Andeutung der Bereitschaft, mit der einen Vorderpranke zuzuschlagen. Je ängstlicher das Tier wird, desto schiefer liegt es da, schließlich hebt es eine Pfote, der schlagbereit die Krallen entragen. Bei einer weiteren Steigerung der Angst führt dieselbe Reaktionsweise zu der letzten, verzweifelten Verteidigungsmaßnahme, die der Katze zur Verfügung steht: sie rollt sich auf den Rücken und kehrt alle Waffen dem Bedränger zu. Selbst der Katzenkenner ist erstaunt, wie gelassen die erfahrenen Preisrichter eine Katze angreifen, welche die Pranke zum Schlage erhoben und den Rachen aufgerissen hat, wobei sie die an- und abschwellende Melodie des Katerliedes singt. Obwohl die Katze in solchen Fällen unmißverständlich sagt: »Faß mich nicht an, ich werde sonst beißen und zuschlagen«, tut sie dies im entscheidenden Moment doch nicht, oder nur gehemmt und mit geringer Durchschlagskraft. Noch unter dieser schweren Beanspruchung halten die erworbenen Hemmungen des gezähmten »artigen« Tigers stand! Die Katze stellt sich also nicht vorher freundlich, um dann plötzlich zu beißen und zu kratzen, sondern sie droht, um den von ihrem Standpunkt aus unerträglichen Belästigungen der Preisrichter zu entgehen, bringt es aber dann doch nicht übers Herz, die Drohungen wahrzumachen. So also ist es mit der »Falschheit« der Katze bestellt.

Ich möchte es ihr indessen nicht als Verdienst anrechnen, daß sie nicht imstande ist, sich zu verstellen; wohl aber werte ich es für ein Zeichen der höheren Intelligenz des Hundes, daß er gerade dies kann! Hierzu seien einige Beobachtungen mitgeteilt.

Mein alter Bully hatte ein feines Empfinden dafür, wenn er sich »blamiert« hatte. Zweifellos merken kluge Hunde genau, wenn sie eine irgendwie klägliche und im menschlichen Sinne komische Rolle spielen. Viele von ihnen geraten ja auch in höchsten Zorn oder in tiefste Niedergeschlagenheit, wenn man über sie lacht. Bully war schon alt und die Schärfe seiner Augen hatte beträchtlich nachgelassen, weshalb es ihm öfter unterlaufen konnte, daß er versehentlich mich oder heimkehrende Familienmitglieder anbellte. Dies nahm er offensichtlich für eine schwere Blamage und war selbst dann in peinlichster Verlegenheit, wenn ich seinen Irrtum taktvoll überging. Eines Tages aber tat er in solcher Lage etwas Merkwürdiges, das ich zunächst für Zufall hielt, später aber als eine sehr hohe Intelligenzleistung, nämlich eine zweckgerichtete Vorgabe falscher Tatsachen, erkennen mußte.

Ich war durch das Hoftor getreten, und ehe ich noch Zeit gefunden hatte, es hinter mir zu schließen, war der Hund laut bellend auf mich zugestürzt. Da erkannte er mich, stutzte, war einen Augenblick verlegen, begann wiederum zu bellen, drängte an mir vorbei, lief durch den Eingang auf die Straße und hinüber an das Tor des Nachbarn, wo er wütend weiterbellte, als habe er es von Anfang an so »vorgehabt«. Damals *glaubte* ich ihm noch und nahm den Augenblick der Verlegenheit für einen Beobachtungsfehler meinerseits. Denn hinter jenem Tor befand sich tatsächlich ein feindlicher Hund, dem der Bellangriff Bullys hätte gelten können. Indessen belehrte mich die fast tägliche Wiederholung dieses Verhaltens, daß der Hund tatsächlich eine »Ausrede« gebrauchte, um zu verschleiern, daß er irrtümlich seinen Herrn angebellt hatte. Zwar wurde der Augenblick, da Bully stutzte, immer kürzer, er log sozusagen immer geläufiger und in dieser Hinsicht glaubhafter, aber es kam vor, daß er zuweilen an Orte geriet, wo es überhaupt nichts anzubellen gab, beispielsweise in eine leere Ecke des Hofes. Dort stand er dann und bellte wütend an der Mauer empor.

Man könnte das beschriebene Verhalten auch einfacher, reiz-physiologisch erklären. Daß jedoch eine echte Verstandeslei-stung vorlag, ist daraus ersichtlich, daß es Bully lernte, die gleiche Lüge für einen völlig anderen Schwindel zu benützen.

Wie allen unseren Hunden war es auch ihm Gesetz geworden, unser verschiedenes Geflügel nicht zu jagen. Dennoch ärgerte es ihn, wenn sich unsere Hühner an seiner Futterschüssel mit den Resten seiner Mahlzeit beschäftigten. Aber auch dann wagte er nicht, sie ernstlich zu jagen, oder besser gesagt, er wagte nicht einzugestehen, daß er es tat. Er stürzte grimmig bellend unter das Hühnervolk, das kreischend auseinanderstob, doch anstatt nun einen Vogel zu verfolgen oder gar nach ihm zu schnappen, rannte er bellend in der eingeschlagenen Richtung weiter. Auch dabei kam er oft an Orte, wo es durchaus nichts anzubellen gab. Denn so weit reichte seine Schlauheit nicht, daß er sich in kluger Vor-aussicht ein in der Richtung hinter den Hühnern gelegenes glaubhaftes Bellobjekt ausgesucht hätte.

Anders war der Schwindel meiner Hündin Stasi. Bekanntlich sind viele Hunde nicht nur wehleidig, sondern lassen sich auch gern bemitleiden. Erzielen sie einen Vorteil, so lernen sie er-staunlich schnell, den mitleidigen Menschen in bestimmtem Sinne zu beeinflussen. Auf einer längeren Radtour in Posen hatte Stasi infolge Überanstrengung eine kleine Sehnenscheidenent-zündung am linken Vorderlauf bekommen. Da sie beträchtlich hinkte, mußte ich, anstatt mit dem Rad zu fahren, einige Tage zu Fuß gehen. Auch später schonte ich sie und fuhr sofort langsam, wenn ich merkte, daß sie müde wurde oder gar zu lahmen begann. Dies hatte die schlaue Bestie bald durchschaut: schon nach kurzer Zeit begann sie zu hinken, wenn ich in eine ihr unangenehme Richtung fuhr. Radelte ich von meiner Unterkunft zum Reservelazarett oder gar zur Ambulanz in ein anderes Krankenhaus, wo sie stundenlang an einer ihr unangenehmen Stelle mein Rad bewachen mußte, dann hinkte sie so erbärmlich, daß man mir auf offener Straße Vorwürfe machte. Fuhr ich hingegen zur Militärreitschule, wo ein Ausritt ins Grüne lockte, war das Leiden weg. Am meisten durchsichtig aber war der Schwindel an einem dienstfreien Samstag. Morgens, also zum Dienst, konnte das arme Tier selbst bei langsamstem Tempo dem Rade kaum folgen; nachmittags, wenn ich in raschem Tempo die sechzehn Kilometer zum Ketscher See fuhr, lief Stasi nicht *hinter* dem Rade her, sondern sauste in scharfem Galopp auf dem ihr wohlbekannten Wege voraus. Und am Montag hinkte sie wieder.

Hundstage

Mögen die Hundstage der Herkunft ihres Namens nach mit den Griechen und mit dem Sirius verknüpft sein, ich nehme sie wörtlich. Wenn man nämlich die geistige Arbeit »bis daher hat«, wenn einem Gescheitreden und Höflichkeit meterweit zum Halse hinaushängen, wenn einen beim Anblick einer Schreibmaschine ein unwiderstehlicher Ekel überkommt, welche Symptome gegen Ende eines Sommersemesters aufzutreten pflegen, dann komme ich auf den Hund, oder besser gesagt, »auf das Tier«. Ich ziehe mich von der Gesellschaft der Menschen zurück und suche die der Tiere auf, und zwar deshalb, weil ich kaum einen Menschen kenne, der geistig faul genug ist, um mir in dieser Stimmung Gesellschaft zu leisten. Ich habe die unschätzbare Gabe, bei hohem Wohlbefinden meine höheren Denkprozesse völlig abstellen zu können; dies ist die unbedingte Voraussetzung dafür, daß einem wirklich so wohl ist wie Goethes sprichwörtlich gewordenen fünfhundert Säuen. Wenn ich an einem heißen Sommertage über die Donau schwimme und dann, tief in den Auen, an einem verträumten Arm des großen Stromes wie ein Krokodil im Schlamm liege, in einer Urlandschaft, in der nicht das geringste Anzeichen auf die Existenz menschlicher Zivilisation deutet, gelingt es mir manchmal, ein Wunder zu vollbringen, das die größten orientalischen Weisen als höchstes Ziel anstreben: ohne daß ich etwa einschliefe, löst sich mein Denken in der umgebenden Natur auf, die Zeit steht still, sie bedeutet nichts mehr, und wenn die Sonne sinkt, die Abendkühle zur Heimkehr mahnt, weiß ich nicht, ob Sekunden oder Jahre vergangen sind. Dieses animalische Nirwana ist das beste Gegengewicht gegen geistige Arbeit, ein wahrer Balsam für die vielen wundgeriebenen Stellen an der Seele des abgehetzten modernen Menschen.

Am leichtesten gelingt mir diese heilende Einkehr in das vormenschliche Paradies in Gesellschaft eines Wesens, das seiner noch von rechtswegen teilhaftig ist – in der eines Hundes. Es sind also ganz bestimmte Gründe, derentwegen ich einen Hund brauche, welcher mich treu begleitet, der aussieht wie ein wildes Tier, der die wilde Landschaft nicht durch sein zivilisiertes Aussehen verdirbt...

Gestern früh war es schon am dämmernden Morgen so heiß,

daß Arbeit – geistige Arbeit – hoffnungslos schien, ein gottge-
wollter Donautag zog herauf.

Ich trete mit Käscher und Transportkanne bewaffnet aus meinem Zimmer, denn von jedem Ausflug an die Donau bringe ich
abends lebendes Futter für meine Fische heim. Wie immer sind
die Geräte für Susi ein untrügliches Zeichen, daß ein Hundstag,
ein glücklicher Hundetag winkt. Sie ist überzeugt, daß ich eine
solche Donau-Expedition nur ihretwegen unternehme, und hat
damit nicht so unrecht. Sie weiß, daß sie nicht nur mitgehen
»darf«, sondern daß ich größten Wert auf ihre Gesellschaft lege.
Trotzdem drängt sie sich vorsichtshalber zwischen meinen
Beinen zum Hoftor hinaus, um nur ja nicht zurückgelassen zu
werden. Dann trottet sie mit hocherhobener, buschiger Rute vor
mir her, die Dorfstraße entlang, tänzelnden und übertrieben ela-
stischen Schrittes, muß sie doch allen Hunden des Dorfes zeigen,
daß sie vor ihnen auch dann keine Angst hat, wenn Wolf II. nicht
in der Nähe ist. Mit dem fürchterlich häßlichen Köter des Ge-
mischtwarenhändlers am Dorfplatz (der hoffentlich nie dieses
Buch lesen wird, ich meine den Greisler, nicht den Köter) flirtet
sie kurz. Zur tiefsten Empörung Wolfs II. liebt nämlich Susi diesen gescheckten Mischling über alles; heute aber hat sie keine
Zeit für ihn, und als er spielen will, rümpft sie die Nase und zeigt
ihre blendend weißen Zähne, ehe sie weitertrabt, um vorschrifts-
gemäß verschiedene Feinde hinter verschiedenen Zäunen anzu-
knurren.

Die Dorfstraße liegt noch im Schatten und ihr harter Boden ist
kalt unter meinen bloßen Füßen, aber der tiefe Staub des Auwe-
ges jenseits der Bahnunterführung dringt mir bereits wohlig
warm zwischen die Zehen. Über den Fußstapfen der vor mir tra-
benden Hündin steht er in kleinen Wölkchen in der ruhigen Luft.

Grillen und Zikaden zirpen – schon! – und in der nahen Au singen ein Pirol und ein Mönch – Gott sei Dank, daß sie *noch* singen, daß der Sommer noch jung ist.

Der Weg führt über eine frischgemähte Wiese, Susi biegt vom Wege ab, denn dies ist die berühmte Mäusewiese. Ihr Trab wird zu einem merkwürdigen stelzbeinigen Schleichen, den Kopf trägt sie hoch, der Gesichtsausdruck verrät äußerste Spannung, der Schwanz senkt sich tief und gerade nach hinten gestreckt zu Boden. Susi sieht wie ein zu dick geratener Blaufuchs aus.

Plötzlich fliegt sie in steiler Parabel vorwärts, fast einen Meter hoch und gut zwei Meter weit. Sie fällt auf steif vorgestreckte und eng aneinander gehaltene Vorderpfoten und beißt genau dort, wo sie auftrafen, wiederholt und blitzschnell ins kurze Gras. Mit hörbarem Schnaufen bohrt sich ihre spitze Nase in den Boden, dann hebt Susi Kopf und Schwanz und sieht sich wedelnd und verlegen lächelnd nach mir um: die Maus ist weg! Kein Mensch wird mir einreden, daß sich Susi nicht bis zu einem gewissen Grade »schämt«, wenn ihr großer Mäusesprung danebengeht, und daß sie stolz ist, wenn sie die Maus erwischt hat.

Auch die nächsten vier Sprünge verfehlen ihr Ziel. Feldmäuse sind eben unglaublich rasch und geschickt. Aber jetzt – Susi fliegt wie ein geworfener Gummiball durch die Luft, und da ihre Pfoten wieder den Boden erreichen, ertönt ein hohes, scharfes Quietschen. Die Hündin beißt zu, läßt in einer schnellenden Schüttelbewegung das, was sie gefaßt hat, wieder fahren, ein kleiner grauer Körper saust im Bogen durch die Luft, Susi in höherem hinterher; sie schnappt dann mehrmals mit weit emporgezogenen Lefzen und nur mit den Schneidezähnen zufassend nach etwas Quietschendem und Zappelndem im Grase. Hernach wendet sie sich mir zu und zeigt mir eine stark aus der Façon geratene große fette Feldmaus, die sie im Fange trägt. Ich bewundere sie gebührend und versichere, daß sie ein reißendes und schreckerregendes Tier sei, vor dem man Achtung haben müsse. Die Maus tut mir sehr leid, aber ich kannte sie ja nicht persönlich, indes Susi meine nahe Freundin ist, an deren Triumphen mich zu freuen ich geradezu verpflichtet bin. Immerhin beruhigt es mein Gewissen, daß Susi die Maus auffrißt und damit die einzige Berechtigung zum Töten, die es geben kann, beweist. Die Hündin zerknutscht die Maus zwischen den Schneidezähnen zu einem formlosen, aber noch in sich zusammenhängenden Gebilde, nimmt dann die Beute tief ins Maul und beginnt sie zwischen den Reißzähnen zu zerkleinern und zu schlucken. Dann hat sie vorläufig von der Mäusejagd genug und schlägt mir vor, weiterzugehen.

Unser Weg führt an den Strom, wo ich mich ausziehe und Käscher, Kanne und Kleider verstecke. Dann geht es stromaufwärts, auf dem alten »Treppelweg«, das heißt auf dem Pfade, der für die Pferde vorgesehen war, die in alten Zeiten die Schiffe stromauf »treidelten«. Jetzt ist dieser Weg bis auf einen schmalen Streifen zugewuchert und führt durch einen dichten Dschungel der kanadischen Goldrute (Solidago), die unangenehm untermischt ist mit Brennesseln und Brombeersträuchern, so daß man beide Arme braucht, um sich die stechende und brennende Vegetation vom Leibe zu halten.

Die feuchte Hitze in dieser Pflanzenwildnis ist unerträglich, hechelnd folgt mir Susi dicht auf den Fersen, uninteressiert an allen jagdlichen Verlockungen, die das Dickicht bietet. Schließlich sind wir an jener Stelle angekommen, von der aus ich den Strom überqueren will. Eine breite helle Kiesbank streckt sich hier bei niedrigem Wasserstand bis weit in die Donau hinaus. Während ich auf meinen bloßen Füßen über den schmerzenden groben

Kies schleiche, läuft Susi freudig voraus zum Wasser, geht bis an die Brust hinein und legt sich dann nieder, so daß nur der dicke Kopf aus den Fluten ragt, ein eckiges kleines Gebilde auf dem Hintergrunde der großen Wasserfläche.

Als ich in den Strom wate, kommt Susi dicht aufgeschlossen hinter mir her und winselt leise. Sie ist noch nie über den Strom geschwommen und hat vor seiner Breite etwas Angst. Ich spreche ihr beruhigend zu und wate weiter; sie muß schon schwimmen, als mir das Wasser kaum über die Knie reicht, und wird stark abgetrieben. Um ihr Mühe zu ersparen, schwimme ich ebenfalls. Daß ich nicht weniger abwärtsgetrieben werde, beruhigt sie sichtlich, so daß sie brav und treu neben mir schwimmt.

Von einem Hunde, der mit seinem Herrn schwimmt, wird eine ganz bestimmte Intelligenzleistung gefordert. Der Mensch steht ja, dem Hunde ungewohnt, im Wasser nicht lotrecht; so mancher Hund lernt nie, das zu begreifen. Der Hund sucht deshalb dicht hinter dem aus dem Wasser ragenden Menschenkopf zu bleiben, wobei er mit den rudernden Vorderpfoten den Rücken des Herrn fürchterlich zerkratzt. Susi dagegen hat die beim Schwimmen veränderte Körperhaltung des Menschen sofort begriffen und vermeidet es sorgfältig, mir von hinten zu nahe zu kommen.

Jetzt, da sie sich auf dem weiten Strome ängstlich fühlt, schwimmt sie seitlich so dicht wie möglich neben mir. Einmal wird ihre ängstliche Erregung so stark, daß sie sich im Wasser hoch aufrichtet und nach dem Ufer zurücksieht, von welchem wir gekommen sind. Ich befürchte schon, sie würde umkehren, allein sie beruhigt sich wieder.

Bald aber macht sich ein anderer Übelstand bemerkbar: in ihrer Unruhe und in dem Bestreben, die unheimliche breite Fläche des Stromes möglichst rasch hinter sich zu bringen, schwimmt meine gute Susi in einem Tempo, das ich auf die Dauer nicht halten kann. Ich plage mich schnaufend, Schritt zu halten, aber sie überholt mich und entfernt sich immer weiter. Es würde mir ja nichts ausmachen, käme sie lange vor mir jenseits an; das aber will sie wieder nicht, denn als sie sich einige Meter vor mir befindet, kehrt sie wieder um und schwimmt zu mir zurück. Nun sieht sie aber das Heimatufer, weshalb die Gefahr besteht, daß Susi dorthin schwimmt. Denn für ein Tier, das sich ängstigt, hat die Richtung nach Hause einen gewaltigen Vorzug gegenüber jeder anderen. Hunden fällt es überhaupt schwer, im Schwimmen die Richtung zu ändern; deshalb bin ich froh, daß ich die Hündin zur neuerlichen Umkehr bewegen kann.

Ich bemühe mich nun gewaltig, so nahe hinter Susi zu bleiben, daß ich sie durch Zurufe in der gewünschten Richtung zu halten vermag, sooft sie sich anschickt, umzukehren. Daß sie diese Zurufe überhaupt *versteht* und sich von ihnen beeinflussen läßt, ist ein neuer Beweis für ihre überdurchschnittliche Intelligenz.

Wir landen, Susi viele Meter vor mir, auf einer Sandbank, die steiler abfällt als die, von der wir weggeschwommen sind. Als Susi aus dem Wasser steigt, sehe ich, wie sie bei den ersten Schritten auf dem Lande deutlich hin- und herschwankt. Diese kleine und in Sekundenschnelle vorübergehende Gleichgewichtsstörung nach längerem Schwimmen kenne ich von mir selbst sehr gut, auch viele gute Schwimmer bestätigen mir diese Beobachtung, für die ich allerdings keine vernünftige physiologische Erklärung weiß. Mit Erschöpfung hat die Erscheinung sicher nichts zu tun, was mir übrigens auch Susi sofort beweist, indem sie, freudig erleichtert, die unangenehme Überfahrt glücklich beendet zu haben, in einen Freudentaumel ausbricht, den »Sausewahn« bekommt, in engen Achterschleifen um mich herumgaloppiert und mir sodann einen dicken Ast bringt, mit der Aufforderung, Apportel zu werfen, was ich denn auch bereitwilligst tue.

Als sie dieses Spieles müde geworden ist, rast sie in höchstem Tempo davon und jagt eine Bachstelze, die fünfzig Meter von uns entfernt am Ufer sitzt. Natürlich weiß Susi, daß sie den Vogel nicht fangen kann, aber sie weiß auch, daß Bachstelzen gern das Ufer entlangfliegen und sich wieder niederlassen, wenn sie einige Dutzend Meter Vorsprung erlangt haben, so daß man sie wunderbar als Schrittmacher zu einem kleinen Jagdgalopp benutzen kann.

Ich freue mich, daß meine kleine Freundin so guter Laune ist, soll sie mich doch wieder und wieder auf meinen Schwimmtouren begleiten. Aber ich muß sie für ihre erste Donau-Überquerung nach Möglichkeit belohnen. Ich kann dies nicht wirkungsvoller tun, als daß ich mit ihr einen langen Spaziergang durch die jungfräuliche Wildnis der Auwälder unternehme.

Wir wandern zunächst längs des Stromes aufwärts, dann folgen wir dem Verlaufe eines Seitenarmes, der in seinen unteren Abschnitten ruhiges, tiefes und klares Wasser hat, stromaufwärts aber in einer Kette immer seichter werdender und spärlicher aufeinanderfolgender Tümpel zerfällt.

Merkwürdig tropisch wirkt ein solcher Donauarm: die nicht regulierten Ufer brechen steil, fast lotrecht ab, bestanden von einem typischen »Galeriewald« aus hohen Weiden, Pappeln und Eichen, zwischen denen üppig wuchernde Waldreben die Lianen markieren, Eisvogel und Pirol, Charaktervögel eben dieser Landschaft, sind beide Vertreter von Vogelgruppen, deren weitaus meiste Mitglieder Tropenbewohner sind, im Wasser wuchert Sumpfvegetation. Tropisch ist auch die feuchte Hitze, die über dieser wundervollen Landschaft lagert und die nur von einem nackten Menschen mit Würde ertragen werden kann, und schließlich sei nicht verschwiegen, daß Stechmücken, Malariamücken und eine Unzahl Bremsen dazu beitragen, den tropischen Eindruck auch nach der unerfreulichen Seite zu verstärken.

In den breiten Schlammstreifen, welche den Donauarm beiderseits umfassen, dauern bis zum nächsten Hochwasser, wie in Gips gegossen, die Spuren verschiedenster Aubewohner. Wer hat behauptet, es gäbe hier keine Hirsche mehr? Den Spuren nach zu urteilen, leben in diesen Wäldern noch viele starke Hirsche, wenn man sie auch zur Brunftzeit nicht mehr hört, so heimlich sind sie nach den Gefahren und Beunruhigungen des letzten Krieges geworden, der am Ende gerade hier schlimm gehaust hat. Reh und Fuchs, Bisamratte und kleinere Nager, unzählige Flußuferläufer, Flußregenpfeifer und Bruchwasserläufer haben den Schlamm mit den verschlungenen Ketten ihrer Fährten verziert. Und wenn schon meinem *Auge* diese Spuren die interessantesten Geschichten erzählen, wie viel mehr erst der *Nase* meiner kleinen Hündin! Sie schwelgt in Geruchsorgien, von denen wir armen Nasenlosen uns überhaupt keine Vorstellungen machen können. Die Spuren der Hirsche und der Rehe kümmern sie gar nicht, denn Susi ist keine leidenschaftliche Jägerin größeren Wildes, wohl deshalb, weil sie von ihrer Passion für die Mäusejagd so völlig besessen ist.

Aber die Spuren der Bisamratten sind etwas anderes. Aufgeregt schleichend, die Nase gesenkt, den Schwanz schräg nach hinten und nach oben gestreckt, folgt sie ihnen, bis sie den Eingang zu einem Bau gefunden hat, der wegen des ungewöhnlich niedrigen Wasserstandes oberhalb, nicht wie sonst unterhalb, der

Wasserlinie liegt. Susi steckt den Kopf in die Röhre so tief sie kann und saugt gierig den offenbar berückenden Duft des Wildes ein. Sie unternimmt sogar den hoffnungslosen Versuch, den Bau aufzugraben; ich lasse sie gewähren, denn ich liege flach auf dem Bauch im handhohen, lauen Wasser, die Sonne brennt auf meinen Rücken, ich habe keine Eile, weiterzugehen. Schließlich wendet mir Susi ihr erdverkrustetes Gesichtchen zu, wedelt, kommt hechelnd her, seufzt tief auf und legt sich neben mir ins Wasser.

So liegen wir fast eine Stunde, dann steht Susi auf und bittet mich, weiterzugehen.

Wir folgen dem immer trockener werdenden Laufe des Armes stromaufwärts, und da, als wir eben um eine Krümmung biegen und der Blick auf einen neuen Tümpel frei wird, hat Susi ein großes Erlebnis: am Tümpel sitzt, noch ahnungslos, weil der Wind zu uns her weht, eine riesige Bisamratte, das Ideal von Susis kühnsten Träumen, eine Abgottmaus, eine Maus von ungeahnten Ausmaßen! Susi erstarrt, ich ebenfalls. Dann beginnt sie, langsam wie ein Chamäleon Fuß vor Fuß setzend, auf die Wundermaus hinzuschleichen. Sie kommt erstaunlich weit, fast die halbe Strecke, die uns von der Bisamratte trennt. Es ist ungemein spannend, da die ernste Hoffnung besteht, daß die Ratte, aufgeschreckt, in den Tümpel springen wird, der tief im kiesigen Boden des Flußbettes eingesenkt ist und keinen Ausgang hat. Der Bau liegt sicherlich auch hier mehrere Meter vom Wasser weg, in der Ebene eines normalen Wasserstandes.

Aber ich hatte die Intelligenz des großen Nagers unterschätzt. Der sieht plötzlich den Hund und schießt wie ein Blitz über die Schlammfläche davon, uferzu, Susi gleich einer Rakete hinter ihm drein, und zwar sehr klug nicht direkt auf das Wild zu, sondern in einer Richtung, die geeignet ist, ihm den Weg abzuschneiden. Dabei schreit Susi einen Schrei der höchsten Leidenschaft, wie ich ihn kaum je von einem Hund gehört habe. Allerdings, hätte sie nicht geschrien, sondern ihre ganze Kraft auf das Laufen verwendet, wäre die Ratte ihre Beute geworden, denn kaum einen halben Meter von Susi entfernt, verschwindet die Gejagte in ihrem Bau. Susi riecht sehnsüchtig am Eingang der Röhre, wendet sich dann enttäuscht ab und kommt zu mir ins Wasser. Wir fühlen beide, daß der Tag uns keinen bedeutenderen Höhepunkt mehr bieten wird.

Der Pirol singt, die Frösche quarren und die großen Libellen jagen unter trockenem Schwirren ihrer gläsernen Flügel nach den Bremsen, die uns belästigen – mögen sie recht viele erwischen! So liegen wir den ganzen Nachmittag, bald im, bald am Wasser, und es gelingt mir, tierischer als ein Tier zu sein, oder doch wenigstens fauler als mein Hund, faul wie ein Krokodil.

Dies wird Susi allmählich doch zu langweilig. Sie beginnt, da ihr nichts besseres einfällt, Frösche zu jagen, die, durch die lange Bewegungslosigkeit sicher geworden, um uns ihr Wesen treiben. Susi schleicht auf den nächsten Frosch zu und versucht schließlich, ihn mit dem großen Mäusesprung zu bekommen. Möglich, daß sie den Frosch mit den Vorderpfoten auf den Kopf getroffen hat; da aber das Wasser kein festes Widerlager gewährt, geschieht dem Frosch gar nichts und er taucht unbeschädigt weg. Susi schüttelt das Wasser aus den Augen und sieht sich um, wo der Frosch etwa geblieben sein mag. Da sieht sie ihn – oder glaubt wenigstens ihn zu sehen – weil der mitten aus dem Tümpel ragende Kopftrieb einer Wasserminze für das schlechte Auge eines Hundes einem stillsitzenden Frosch nicht unähnlich ist. Susi beäugt das Ding mit schiefgehaltenem Kopf, erst rechts, dann links, langsam, ganz langsam steigt sie in das Wasser und schwimmt zur Pflanze hin, beißt hinein, sieht wehleidig nach mir, ob ich etwa über ihren blamablen Irrtum lache, schwimmt wieder ans Ufer und legt sich neben mir nieder. Da sage ich: »Gehen wir nach Hause?« Schon springt Susi empor und bezeugt mit allen ihr verfügbaren Ausdrucksmitteln ihr Einverständnis. Wir bahnen uns den Weg durch den Dschungel, weit oberhalb Altenbergs steigen wir in den Strom. Susi zeigt keine Furcht mehr. Sie schwimmt ruhig und langsam neben mir stromab und läßt sich vom Wasser tragen.

Wir landen dicht an der Stelle, wo ich Kleider, Netz und Transportkanne zurückgelassen hatte. Rasch verschaffe ich noch meinen Fischen ein üppiges Abendbrot aus dem nächsten Tümpel, dann gehen wir im dämmernden Abend tief befriedigt heim, den gleichen Weg, den wir gekommen waren. Auf der Mäusewiese hat Susi großen Erfolg: sie fängt in rascher Folge drei dicke Feldmäuse und mag sich so über ihre Mißerfolge mit Bisamratte und Frosch trösten.

»Mögen die Hundstage der Herkunft ihres Namens nach mit dem Griechischen und mit dem Sirius verknüpft sein, ich nehme sie wörtlich. Wenn einem nämlich Gescheitreden und Höflichkeit meterweit zum Hals heraushängen, wenn einen beim Anblick einer Schreibmaschine ein unwiderstehlicher Ekel überkommt, dann komme ich auf den Hund, oder besser gesagt, ›auf das Tier‹. Ich ziehe mich von der Gesellschaft der Menschen zurück und suche die der Tiere auf, und zwar deshalb, weil ich kaum einen Menschen kenne, der geistig faul genug ist, um mir in dieser Stimmung Gesellschaft zu leisten.«

Der Autor

Konrad Lorenz, geboren am 7. November 1903 in Wien, studierte Medizin und Biologie. Er gründete 1949 das Institut für Vergleichende Verhaltensforschung in Altenberg (Österreich) und gilt als einer der Begründer der Ethologie. 1973 wurde ihm zusammen mit Karl von Frisch und Nikolaas Tinbergen der Nobelpreis für Medizin und Physiologie zuerkannt. Konrad Lorenz starb am 27. Februar 1989.

dtv

Die Taschenbibliothek